삶을 바꾸는 하루 한마디 1
하나님 마음에 쏙 드는 이웃사랑

삶을 바꾸는 하루 한마디 1
하나님 마음에 쏙 드는 이웃사랑

초판 1쇄 인쇄 2021년 12월 20일
초판 1쇄 발행 2021년 12월 30일

지 은 이 | 김완섭
펴 낸 이 | 오복희

펴 낸 곳 | 개혁과회복
등록번호 | 제2018-000044호
등록일자 | 2018년 4월 12일
주　　소 | 서울특별시 송파구 마천로 100 C동 402호(오금동)
편 집 부 | 010-6214-1361
관 리 부 | 010-8339-1192
팩　　스 | 02-3402-1112
이 메 일 | whdktk9312@naver.com
연 구 소 | Daum 카페(기독교신앙회복연구소)
디 자 인 | 참디자인

ISBN 979-11-89787-31-8 (04230)
　　　　 979-11-89787-30-1 (세트)

* 이 책은 신저작권법에 의하여 국내에서 보호를 받는 저작물입니다.
　출판사의 협의 없는 무단 전재와 무단 복제를 엄격히 금합니다.
* 한 권 값 11,000원
* 잘못된 책은 교환하여 드립니다.

— 삶을 바꾸는 하루 한마디 1 —

하나님 마음에 쏙 드는 이웃사랑

이웃을 사랑하게 만드는
묵상의 글들

김완섭 지음

도서출판
개혁과회복

Preface
머리말

　복음은 예수님이 우리 죄를 위해 죽으셨다는 것에서 그쳐서는 안 된다. 참된 복음은 예수님께서 우리 죄를 위해 죽으셨으니 우리도 예수님처럼 살라는 것이다. 예수님의 죽으심과 부활만 강조하고 예수님처럼 살라는 것이 사라진 것이 오늘날의 형편이다. 예수님처럼 산다는 것은 무엇인가? 그것이 바로 이웃사랑이다. 관념과 지식만 남아있다면 그것은 복음을 망치는 것이다. 교회의 생명력은 예수님의 부활이다. 부활하지 않으셨다면 복음이 아니기 때문이다. 부활의 예수님이 우리에게 이웃을 위해 죽으라고 요구하신다. 죽어야 부활한다고 하신다. 이웃을 위해 죽으라는 말은 희생적인 신앙의식과 이웃을 향한 헌신적인 사랑의 태도를 말하는 것이다.
　오늘날 복음은 지나치게 수동적, 소극적으로 변했다. 움직이려고 하지 않는다. 교회 안에서만 열심을 내려고 한다. 예수님은 유대인만을 위해 죽으신 것이 아니다. 모든 인류를 위해 죽으셨다. 누구든지 예수님을 믿기만 하면 구원을 주시기 위해 죽으셨다. 그것이 복음이다. 그러나 복음에는 삶이 따라야 한다. 기독교 초기에는 믿음은 곧 삶이었다. 그것이 원래의 복음이다. 복음의 실천성이 결여된다면 결코 온전한 복음이 될 수 없다. 생명력이 없는 복음이 복음일 수 있는가? 실천성과 삶의 방식이 바로 생명력이다. 생명력을 보여주지 못하고 전도하면 반쪽짜리 전도가 될 수밖에 없다. 반쪽짜리 예수님을 믿으면 구원이 가능할까? 처음에는 온전해보여도 반쪽짜리 복음 때문에 중간에 믿음을 포기하는 것은 아닐까?

물론 교회 안의 형제사랑이 먼저이다. 형제사랑을 통하여 이웃을 사랑하는 방법을 배우지 못한다면 이웃사랑도 고작 자기 공로밖에는 안 되기 때문이다. 그리고 교회의 모든 예전도 전통도 다 필요하다. 본래의 의미를 알고 행한다면 조금도 버릴 것이 없다. 다만 우리는 거기에서 더 나아가야 한다. 세상 속에서의 복음적 삶을 가르쳐야 한다. 세상 속에서, 이웃 가운데에서 복음으로 사는 것을 배워야 한다. 교회가, 그리스도인들이 세상 속에서 복음적인 삶의 방식을 고수하고 있었다면 어떤 상황에서도 크게 달라지지 않았을 것이다. 삶의 방식이 결여된 복음으로는 세상을 이길 수 없다. 교회 안에서의 그리스도인으로 머문다면 미래는 없다. 우리는 이웃에게 깊은 관심을 가져야 한다. 옆집, 뒷집 사람들에게 눈길을 주어야 한다. 가난한 사람, 어려운 사람이 아니다. 그들에 대한 관심은 당연한 것이고 그 외의 우리의 모든 이웃들에게 관심을 가져야 한다. 예수님께서 그들을 위해서도 죽으셨기 때문이다.

  이 책은 그리스도인의 이웃사랑의 본래의 모습을 성경 속에서 찾아서 보여주고 있다. 그것은 진짜 복음이고 원형의 복음이며 하나님께서 율법에서부터 보여주셨던 참된 이웃사랑이 그리스도의 십자가 희생으로 완성되기까지의 모든 과정을 담았다. 우리가 회복해야 할 기독교의 모습이 바로 이웃사랑의 모습인 것이다. 그 이웃사랑은 바로 예수님의 명령, 곧 이웃을 자기 자신처럼 사랑하는 그런 사랑이다. 예수님께서 이 땅에 오신 것은 바로 이웃을 자기 자신과 같이 사랑하는 참된 모습을 친히 나타내 보여주시기 위함이었다. 그것은 율법의 완성이었던 것이다. 복음은 바로 여기까지 와야 비로소 그 의미를 잃어버리지 않는 것이다. 여기까지 와야, 여기까지 가르쳐지고 본을 보여주고 그것이 신앙의식이 되어서 세상 속에서 그런 원리로 살게 하는 것까지 진행되어야 참된 복음인 것이다. 이 책은 바로 그 점을 위하여 집필되었다.

  이 책은 되도록 하루 한 가지씩 읽고 계속 묵상하고 되새겨보게 하기 위해 만들어졌다. 한번 읽고 지나간다면 아무런 감동도 일어나지 않을 수 있다. 그리스도인의 이웃사랑은 신앙인의 생각을 바꾸고 신앙의식 속으로 깊이 자리해야 한다. 이웃사랑은 단지 복음의 일부가 아니라 그리스도인의 삶의 방식이 되어야 하고 삶의 대원칙이 되어야 한다. 그것이 온전한 복음이다. 천지창조로부터 시작된 이웃사랑의 목적과 원리와 과정이 율법을 통하여 제시되었고 그 율법이 예수님의 십자가 사랑으로 완성되어 모든 그리스도인들이 예수님의 삶을 따라 살도록 하시는 것이 하나님의 마음이다. 세상 속에서의 삶은 세상 사람들과 똑같으면서 주일에만 교회에 출석하여 예배를 드린다면 그 사람은 예수님을 믿는 사람이 아니다. 무엇을 강조하기 위해서 하는 말이 아니라 복음이란 그것까지를 포함한다는 말을 하려는 것이다. 보이는 복음으로서의 이웃사랑까지 실현될 때 그것이 교회개혁이고 신앙회복인 것이다.

　이 책은 예수마음 제자훈련 이웃과의 관계 1편인 "보이는 복음, 이웃사랑"을 기본으로 집필되었지만, 훨씬 더 크게 도전을 줄 수 있도록 기획된 책이다. 이 책 한 권을 깊이 묵상한다면 우리의 신앙의 본질적인 깊이를 깨닫게 될 것이다. 근원적인 신앙의 삶을 바꿀 수 있도록 도전을 받게 될 것이다. 우리의 생각이 바뀌고 신앙의식이 변화되면 그리스도인으로서의 진정한 삶으로 크게 변화될 수 있을 것이다. 더욱 더 그리스도의 마음을 소유할 수 있기를 바란다.

Contents
차례

머리말 • 5

제1부 이웃사랑의 출발점

제1장 이웃사랑의 지향점
1. 하나님사랑만 강조하면 절반의 신앙인이다. • 18
2. 예수님의 십자가가 이웃사랑의 원형이다. • 20
3. 율법의 정신을 모르면 하나님을 모르는 것이다. • 22
4. 이웃사랑의 목표는 완전한 하나가 되는 것이다. • 24

제2장 아담 이후의 이웃사랑
1. 사람을 지배하고 미워하면 하나님과 단절된다. • 28
2. 하나님의 개입 없이는 이웃사랑은 불가능하다. • 30
3. 관계를 드리지 못한다면 온전한 믿음이 아니다. • 32
4. 이웃에게 초점을 못 맞추면 그 사랑은 거짓이다. • 34

제3장 그리스도와 이웃사랑
1. 뱀을 버리지 못하면 참사랑은 불가능하다. • 38
2. 천국은 뱀이 존재하지 않는 완전한 곳이다. • 40
3. 하나님의 다스림을 받기 위한 싸움이 신앙이다. • 42
4. 신앙인은 그리스도 대신 이웃을 사랑하는 사람이다. • 44

제4장 자기사랑과 이웃사랑
1. 자기를 사랑하지 못하면 거듭난 것이 아닐 수 있다. •48
2. 하나님의 동역자임을 믿는다면 자기를 사랑할 수 있다. •50
3. 번영을 추구하면 자기 영혼을 미워하는 것이다. •52
4. 하나님의 사랑을 못 깨달으면 자기를 사랑할 수 없다. •54
5. 우리가 자신을 사랑하도록 예수님께서 죽으셨다. •56

제2부 구약의 이웃사랑

제5장 율법이 말하는 이웃사랑
1. 십계명을 이웃사랑의 관점으로 보면 삶이 달라진다. •62
2. 당신이든 누구든 거짓을 사용하면 마귀의 종이다. •64
3. 내 소유를 포기할 때 이웃의 소유가 소중해진다. •66
4. 안식을 실천하지 못하면 하나님과 관계없는 사람이다. •68
5. 희년의 개념을 알아야 이웃사랑이 가능해진다. •70

제6장 고아와 과부를 돌보라.
1. 이웃에 대한 책임감이 당신의 신앙의식이다. •74
2. 이웃사랑은 하나님께 드리는 가장 귀한 헌금이다. •76
3. 이웃사랑은 공의이다. 반대로 공의가 이웃사랑이다. •78
4. 이웃을 외면하면 하나님도 우리를 외면하신다. •80

제7장 차별하지 말라.
1. 누군가에게 유리하게 하면 재판을 굽게 하는 것이다. •84
2. 이익을 위해 속이거나 학대하면 심각한 차별이다. •86
3. 사람을 차별하지 않는 것이 이웃사랑의 원리이다. •88
4. 실수한 사람을 용납하는 것도 중요한 이웃사랑이다. •90

제8장 이웃사랑의 범위
1. 당신이 거룩하지 못하면 복이 아니라 저주이다. • 94
2. 거룩함이 빠진 이웃사랑은 자기과시일 뿐이다. • 96
3. 거룩함을 훼방하는 그 어떤 것도 우상숭배이다. • 98
4. 세속에서 구별하는 것에서 이웃사랑이 시작된다. • 100

제3부 자기 자신처럼 사랑하기

제9장 먼저 형제를 사랑하라.
1. 교회의 거룩성은 당신의 형제사랑으로 지켜진다. • 106
2. 당신이 형제를 깔보면 하나님은 당신을 외면하신다. • 108
3. 모든 형제의 장점을 모른다면 형제사랑이 아니다. • 110
4. 먼저 사랑할 수 있다면 당신의 영혼은 깨끗한 것이다. • 112
5. 언제라도 마귀가 당신을 침범할 수 있음을 인정하라. • 114

제10장 이웃이 되라.
1. 당신이 이웃이 되려고 하면 사랑할 이웃이 나타난다. • 118
2. 이웃이 되는 것은 이웃과 동일시가 되는 것이다. • 120
3. 누군가를 차별하여 미워하면 이웃사랑은 불가능하다. • 122
4. 이웃을 사랑하는 것이 진정한 예배를 드리는 것이다. • 124
5. 이웃사랑은 예수님 대신, 이웃을 대신하는 것이다. • 126

제11장 누구를 어떻게 사랑할 것인가?
1. 필요한 경우, 가난한 사람들에게 헌금을 바쳐라. • 130
2. 외롭고 힘든 사람을 돕는 것이 진짜 예배이다. • 132
3. 육적 장애에서 영적 장애를 볼 수 있어야 한다. • 134
4. 모든 이웃들이 나그네라는 생각을 가져야 한다. • 136
5. 사회경제적 틈새를 메우는 것이 이웃사랑이다. • 138

제12장 이방인들에 대한 이웃사랑
1. 그리스도인은 날마다 진멸전쟁을 치르는 사람이다. • 142
2. 행위의 우상숭배와 심령의 우상숭배는 동일하다. • 144
3. 이방여인이란 물질과 성공과 번영의 유혹이다. • 146
4. 영적 이방인을 구별해야 참된 이웃사랑이 가능하다. • 148
5. 용서와 사랑을 쏟아내지 못하면 우상이 침범한다. • 150

제4부 이웃사랑은 영혼사랑이다.

제13장 이웃사랑의 초점에 관하여
1. 이웃은 복된 선물이지만 세속의 위기일 수도 있다. • 156
2. 형제사랑의 에너지가 아니면 이웃사랑은 실패한다. • 158
3. 불신 이웃을 하나님과 화목하게 하는 것이 신앙이다. • 160
4. 사도 바울의 사명과 우리의 사명은 동일하다. • 162
5. 신앙인은 세상 이웃들과 전혀 다른 방향을 본다. • 164

제14장 이웃사랑과 영혼사랑
1. 세상의 장벽을 느낄 수 없다면 그리스도인이 아니다. • 168
2. 혼탁한 영혼으로는 이웃을 구원할 수 없다. • 170
3. 세상에서의 구원을 삶으로 보이는 것이 이웃사랑이다. • 172
4. 이웃사랑을 공로로 생각하면 성령님이 임하실 수 없다. • 174
5. 우리에게 주신 은사는 성령님을 돕기 위한 것이다. • 176

제15장 영혼사랑과 영적 싸움
1. 마귀의 존재를 모른다면 이웃사랑은 불가능하다. • 180
2. 세상의 지혜나 숫자로 대적하면 틀림없이 실패한다. • 182
3. 고난은 실패가 아니라 승리하고 있다는 증거이다. • 184
4. 원수사랑은 마귀에게 가장 치명적인 공격이다. • 186
5. 능력 있다고 생각하면 가장 능력 없는 사람이다. • 188

제16장 영혼사랑의 실천적 방법들
1. 예수님의 비움인가, 바리새인의 비움인가? • 192
2. 남을 낮게 여기지 못하면 참된 섬김은 불가능하다. • 194
3. 이웃 영혼을 위해 얼마나 간절히 기도해 보았는가? • 196
4. 보이는 이웃사랑은 가장 강력한 복음전파이다. • 198

제1부

이웃사랑의 출발점

제1장
이웃사랑의 지향점

기독교 신앙에서 이웃사랑처럼 많은 오해를 받고 있는 것도 별로 없을 것 같다. 이웃사랑은 흔히 너무 그 의미가 축소되어 있거나 외면당하고 있는 실정이다. 단지 어려운 이웃들에게 무엇인가 나누어주고 도움이 되는 일을 하는 것을 이웃사랑이라고 생각하지만 그것은 이웃사랑의 극히 일부분의 행위일 뿐이다. 이웃사랑의 의미와 목표지점을 알지 못한다면 성경이 말하는 이웃사랑은 결코 행할 수가 없다. 왜냐하면 예수님께서 네 이웃을 자기 자신과 같이 사랑하라고 하신 말씀 속에는 원래의 에덴동산을 회복하시려는 하나님의 뜻이 들어있기 때문이다. 분리되었던 아담과 하와가 온전하게 하나가 되고 그 두 사람이 하나님과 하나가 되는 것이 이웃사랑의 지향점인 것이다.

두 가지 핵심계명

하나님사랑만 강조하면 절반의 신앙인이다.

> 이웃사랑은 하나님사랑의 들러리가 아니다. 이웃사랑의 삶을 살지 못하고 있다면 반쪽짜리 신앙인밖에는 될 수 없다. 완전한 신앙의 개념을 모른다면 온전한 믿음을 가질 수도 없다. 하나님사랑과 이웃사랑은 동등한 가치를 지닌 핵심이다.

예수님은 분명하게 가장 큰 두 가지 계명을 하나님사랑과 이웃사랑으로 정의하고 계신다. 하나님사랑과 이웃사랑을 동일선상에 놓으시고 동일한 무게를 부여하시는 것이다. 우리 기독교에서 하나님사랑만 강조되어 있고 이웃사랑에 대해서는 지나치게 축소되어 있는 것은 사실이다. 이웃사랑은 하나님의 마음이며 그리스도인의 삶의 기본원리라는 사실을 알아야 한다. 가난하고 소외된 사람을 돌보는 것이 이웃사랑의 전부가 아니라 우리가 살면서 부딪치는 모든 이웃을 대하는 마음가짐이 이웃사랑의 원리인 것이다. 그리스도께서 죄인들을 위해 목숨까지 버리신 그 사랑이 이웃사랑의 기본적인 마음가짐이며, 그런 마음으로 나 이외의 타인들을 대하고 사랑하는 마음을 품는 것이 이웃사랑의 출발점이라는 말이다.

이웃이라는 말은 좁은 의미에서는 가족이나 친척 이외의 옆집이나 동네 사람들을 뜻하는 말이지만, 넓은 의미에서는 그런 지역, 혈연이나 학연 등의 특성을 통틀어서 자기 자신이 아닌 다른 사람들을 전부 이웃이라고 간주할 수 있다. 그렇게 본다면 넓게는 부모나 자식도 전부 이 이웃의 범주에 넣을 수 있게 될 것이다.

> 하나님께서 명하신 이웃을 사랑하라는 말씀은 넓은 의미에서 다가갈 수 있어야 더 정확할 것 같다. 왜냐하면 이웃을 자기 자신처럼 사랑하라고 하실 때 그 의미에 가장 가까운 모습은 바로 부모-자식관계일 텐데, 그 관계를 다른 이웃들에게 넓게 적용하시려는 하나님의 뜻이라고 생각할 수 있기 때문이다. 가족이든 친구이든 사람들에 대한 계명은 전부 이웃에 대한 계명이라고 할 수 있다.

구약의 이웃사랑

예수님의 십자가가
이웃사랑의 원형이다.

> 1차적으로 이웃이란 구약에서는 이스라엘 민족, 신약에서는 그리스도인들이다. 이후로 이방인 이웃의 개념이 들어왔지만, 이웃사랑의 출발은 예수님의 목숨을 버리는 이웃사랑이다. 그것이 우리의 이웃사랑의 원리와 목적이 되는 것이다.

구약에는 이웃을 자기 자신처럼 사랑하라는 말씀은 단 두 군데밖에 나오지 않는다(레 19:18, 34). 이웃에 대한 개념은 이후로 다양한 역사적인 과정을 거쳐서 상당히 범위가 넓어진다. 구약의 관점에서 예수님은 이 이웃에 대한 개념을 폭넓게 정의하셨는데 그것은 이웃이란 하나님의 뜻대로 행하는 모든 사람들을 말한다고 하셨다(막 3:33-35). 그러나 구약의 이웃에 대한 계명들은 사실상 사랑에 근거한다기보다는 공평이나 정의나 차별금지와 같은 개념에서 설명되었다. 그럼에도 불구하고 이웃을 자기 자신처럼 사랑하라는 말씀은 하나님께서 백성들에게 주시는 가장 핵심적이고 기본적인 사상임에는 틀림이 없다.

그러면 예수님은 왜 이웃사랑의 개념을 크게 강조하여 이웃을 자기 자신처럼 사랑하는 것으로 정의하셨을까? 예수님은 사람들을 예수님 자신으로 사랑하셨기 때문에 십자가의 모진 고난을 견디셨다. 예수님은 사람들을 자기 자신처럼 사랑하시는 수준을 뛰어넘어 아예 사람들이 되셨다. 전혀 죄가 없으신 예수님께서 절대로 씻을 수 없는 죄인들인 사람들을 위해서 목숨을 버리셨다. 이웃사랑의 원본이 여기에 있다. 자기 자신처럼 이웃을 사랑하라고 할 때의 그 이웃사랑은 바로 예수님의 동일시 사랑에 근거하는 것이다. 예수님 오시기 이전에 구약의 백성들에게는 이런 원리를 제시할 수 없었다.

> 구약에서 이런 원리들이 강조되지 않은 것은 예수님께서 이웃사랑의 원형을 나타내 보여주실 때까지 하나님의 뜻이 무르익지 않았기 때문이다. 그 당시의 이웃은 내 편을 뜻하는 말일 수밖에 없었고, 영적 순결을 위해 이방인들은 멸절의 대상으로 볼 수밖에 없었던 그런 시대였다. 모든 인간이 구원의 대상이 되는 예수님 이후의 시대와는 전혀 다른 시대였다.

이웃사랑의 출발

율법의 정신을 모르면
하나님을 모르는 것이다.

> 율법은 하나님의 차선책이다. 마치 선악과처럼 하나님의 사랑의 울타리였다. 그래서 최후에는 속죄법으로 죄를 속하게 하셨다. 하지만 율법은 모두 이웃사랑의 원리를 근본적으로 제시하고 있다. 율법은 지키는 법이 아니라 사랑하는 법이었다.

 율법은 하나님의 마음이 반영된 최소한의 기준으로서의 지침으로서, 백성들의 의식수준을 고려한 조치였다. 왜냐하면 하나님은 여러 차례 인간 존재에 대해 실망하셨기 때문이었다. 에덴에서의 타락, 노아의 홍수 이후의 타락, 바벨탑 사건에서의 타락을 보시고 지킬 수 있는 법으로 주신 것이 율법이었다. 하지만 율법은 완전하게 지킬 수 있는 법인가? 법 조문으로서의 율법은 지킬 수 있지만 그 속에 들어있는 하나님의 마음, 곧 최선책으로서의 율법은 지킬 수 없다. 바리새인들은 율법을 최상위의 법으로 받아들였다. 그들은 형식으로서의 율법만을 지키면서도 자기들은 하나님 앞에 완전하다고 생각했던 것이다.

그러면 왜 예수님은 이웃을 자기 자신과 같이 사랑하라고 강조하셨는가? 그 이웃사랑의 뿌리는 무엇인가? 물론 우리는 우리를 예수님 자신으로 여기시고 우리를 대신하여 십자가 고난을 당하신 예수님의 선포만으로도 이웃사랑의 근거를 분명하게 찾을 수 있다. 우리의 이웃사랑의 본질은 기본적으로 예수님의 사랑이기 때문이다. 다만 예수님의 그 사랑에도 반드시 하나님으로부터 비롯되는 성경적인 근거가 있어야 하는 것이다. 그래야 이웃을 우리 자신처럼 사랑할 수 있는 신앙의식을 만들 수 있을 것이 아니겠는가? 그것은 신약적인 이웃사랑의 뿌리이자 구약에서 하나님 사랑의 표지인 율법의 뿌리이기도 한 것이다.

> 이웃사랑의 뿌리는 역시 에덴동산으로까지 거슬러 올라가야 한다. 이웃사랑은 뱀의 유혹에 빠져서 선악의 열매를 함께 먹었던 아담과 하와의 타락에서 비롯된 것이다. 역설적으로 아담과 하와의 분리 때문에 이웃사랑이 시작되었던 것이다.

아담과 하와
이웃사랑의 목표는
완전한 하나가 되는 것이다.

> 뱀의 궤계는 항상 거짓과 분열이다. 뱀 때문에 아담과 하와가 분리되었지만 서로 하나가 되지 못하면 완전해질 수 없다. 결혼을 통하여 서로 하나가 되지만 이런 개념이 이웃에게도 확장되어 이웃사랑의 목적이 하나가 되는 것이 되었다.

하나님은 사람을 창조하시되 아담을 먼저 만드시고 아담의 갈빗대를 뽑아서 그 뼈로 하와를 만드셨다. 아담과 하와가 한 몸이라는 사실이 중요하기 때문이다. 아담과 하와는 한 몸이다. 만약에 완전히 독립된 별개의 존재들이라면 자기 자신처럼 이웃을 사랑하라는 이야기는 허상이 되어버릴지도 모른다. 아담의 갈빗대로 하와를 만드신 것은 하와가 아담에게 있어서 가장 중요한 자신의 일부, 곧 없으면 불완전해지는 그런 존재라는 말이다. 하나님은 인간이 한 몸으로 완전해지도록 만드셨다. 인간은 홀로는 완전한 존재가 아닌 것이다. 그런데 뱀은 교묘하게 아담과 하와를 떼어놓으려고 했는데, 그것은 아담과 하와를 불완전한 인간으로 다시 되돌려놓으려는 마귀의 궤계인 것이다.

그리하여 아담과 하와는 하나님으로부터 숨는 처지가 되고 말았다. 뱀의 간교함에 넘어간 아담과 하와가 하나님과의 관계를 잃어버리게 된 것이다. 그와 동시에 아담과 하와의 관계마저도 금이 가게 되었다. 아담의 본질은 어디로 사라졌는가? 그 본질은 둘이 합하여 하나가 되는 것이었다. 그러나 아담과 하와는 하나가 아니라 따로따로의 인간이 되고 말았다. 이제는 그 완전을 향해 나갈 수밖에 없는 둘로 나뉘었다. 이것이 그리스도인의 이웃사랑의 출발점이 되는 것이다.

> 그것은 완전한 하나를 지향하는 사랑, 곧 자기 자신처럼 사랑해야만 하는 인간의 숙명으로 발전했다. 이웃을 자기 자신처럼 사랑하는 일은 인간의 숙명이다. 그 지향점에서 예수 그리스도의 십자가 고난으로 말미암아 실현가능한 숙제로 다가오게 되었던 것이다. 그것이 그리스도인이 이웃을 자기 자신처럼 사랑해야 하는 가장 본질적인 이유이다. 완전한 하나가 되는 것이 이웃사랑의 목적이 된 것이다.

이웃사랑의 지향점
출발하기

　이웃사랑의 최종 종착지점은 모든 인류가 하나가 되는 것이다. 물론 그것은 불가능하다. 그러나 하나님은 그것을 위해서 예수 그리스도를 이 땅에 내려 보내시고 모든 인간이 예수 그리스도의 피로 말미암아 하나가 될 수 있는 길을 열어놓으신 것이다. 그래서 모든 인간이 하나가 될 수는 없지만 예수님의 보혈의 공로를 믿는 사람들은 하나가 되게 하신 것이다. 복음은 바로 그 길을 제시하고 있는 것이다. 우리가 그리스도인으로서 이웃을 사랑하는 것은 단지 주변의 가난한 사람을 돕는 것 이상으로 모든 인간이 하나가 되게 하시려는 하나님의 마음을 품고 사람들을 대하는 것이다. 왜 자기 자신과 같이 이웃을 사랑해야 하는가? 십자가에서 피 흘려 돌아가신 예수님의 사랑으로 모든 사람들을 하나로 묶어야 하기 때문이다.

제2장
아담 이후의 이웃사랑

무엇보다도 이웃사랑이 왜 필요한가에 대한 인식이 있어야 한다. 아담의 타락으로 인하여 세상에 죄가 들어왔고, 그 죄는 하나님과 사람을 분리시켰으며, 곧바로 사람과 사람 사이를 갈라놓고 말았다. 그러면서 다스림이라는 개념이 생겨났고 그 지배욕구가 증오와 분노라는 감정으로 발전하여 마침내 가인이 아벨을 죽인 사건이 일어났다. 살인이란 인간관계를 영원히 단절시키는 최후의 행위이다. 사람은 점점 더 악해져만 갔고 마침내 하나님은 인간을 포기하고 하나님의 영을 거두어가 버리셨다. 인간의 힘으로는 서로사랑이 불가능하게 되어버린 것이었다. 노아의 홍수 이후에는 함과 다른 형제 사이에 인종적 계급이 생겨나게 되었다. 하지만 하나님은 아브라함을 부르시고 이삭을 주심으로써 마침내 믿음이라는 이웃사랑의 근거를 허락하시기에 이르렀다.

계급의 발생과 증오의 현실화
사람을 지배하고 미워하면 하나님과 단절된다.

> 아담이 하와를 다스림은 불순종의 죄에서 나왔고, 가인이 아벨을 죽인 것은 미움의 죄에서 나왔으며, 그 살인은 이웃과의 관계회복이 영원히 불가능하게 된 것을 뜻한다. 그리고 그것은 하나님과의 관계도 단절된 것을 뜻하는 것이다.

하나님은 타락한 아담과 하와에게 고생과 수고의 짐을 지우셨다. 분리된 인간이 힘을 합해 온전함을 얻으라고 하신 것이었다. 그리고 일단 다스림이라는 개념을 아담에게 허락하셨다. 이제 하나님의 직접 다스림은 사라지고 인간 사이의 다스림으로 옮겨오게 되었다. 하나였던 인간이 둘로 나뉨으로써 계급이 생겨났고, 인간의 본성 속에는 다른 사람을 지배하려는 욕망이 생겨나게 된 것이었다. 그런데 아담의 두 아들에게도 그런 현상이 나타나서 큰아들 가인이 둘째아들 아벨을 돌로 쳐서 죽인 사건이 발생하고 말았다. 한 사람이어야 하는 아담과 하와가 죄를 범함으로써 나누어지게 된 이후로 그 심각성이 극대화된 사건이었다.

인간은 하나님께 대한 두려움과 사람을 향한 지배욕구를 가지게 되었고, 이제 증오와 분노라는 감정을 통하여 죄악은 더 발전해 나가고 있었다. 그것은 타인사랑을 거의 불가능하게 만드는 핵심적인 요인이 되고 말았다. 동시에 왜 타인을 자기 자신처럼 사랑해야 하는지에 대한 근거이기도 했다. 증오와 분노는 하나 됨으로부터 더욱 멀어지게 되었고, 살인이라는 가장 극렬한 범죄를 생산하고 말았는데, 살인 곧 사람의 목숨을 빼앗는다는 말은 그 사람과는 돌이키려야 돌이킬 수 없는 관계의 단절을 의미하는 것이 아닌가?

> 하나님은 아벨 대신 셋이라는 아들을 주셨고, 셋이 결혼하여 에노스를 낳을 때쯤 인류는 여호와의 이름을 부르기 시작했다. 하나님은 한 줄기 끈을 연결해놓고 계셨다. 그런 예비 장치를 해두셨음에도 세상은 오히려 더욱 악하게 변해가고 있었다. 마침내 하나님은 그 어떤 기대도 하지 않고 하나님의 영을 사람들로부터 거두어가 버리셨다. 이제 타인을 사랑하는 일은 스스로의 힘으로 불가능해지게 되고 말았다.

노아의 등장

하나님의 개입 없이는
이웃사랑은 불가능하다.

> 노아의 가족처럼 사랑으로 넘치는 가정들이 있었겠지만 오직 노아의 가정만 구원받았다. 노아가 당대에 완전한 자요 의인이었다고 하더라도 만약에 여호와께 은혜를 입지 못했고 하나님과 동행하지 못했다면 홍수에서 구원받을 수 없었을 것이다.

죄는 기본적으로 하나님께 대한 것이고 악은 주로 사람에게 대한 것이라면, 죄악이 세상에 가득하다는 말은 하나님과의 관계가 완전히 깨어지고 타인관계도 완전히 깨져버렸다는 의미이다. 서로 하나가 된다는 개념은 더 이상 존재하지 않게 되었고, 하나님은 인간창조를 한탄하셨고, 이 세상을 쓸어버릴 수밖에 없게 되셨다. 그런데 타인을 자기 자신처럼 사랑할 줄 아는 한 가족을 만나게 되는데 그들은 노아의 가족이었다. 방주를 짓는 수십 년 동안 노아의 식구들은 모두 한 마음으로 하나님의 명령에 그대로 순종했다. 하지만 노아의 가정이 타인사랑의 모델인 이유는 노아가 하나님의 말씀에 대해 온전히 하나 됨의 모습을 보여주었기 때문이다. 온전한 의미의 타인사랑은 하나님의 은혜를 입고 하나님과 동행하지 않으면 결코 이루어질 수 없다는 말이기도 하다.

하지만 홍수 이후에 노아의 후손으로 이루어진 세상도 점차 타락해가기 시작했다. 아버지 노아가 술에 취한 채 하체를 드러내고 잠이 깊이 들었는데 함이 이것을 보고 형제들에게 일러바쳤다. 이것을 죄라고 할 수는 없지만, 타인사랑의 개념에 비추어본다면 함에게는 이런 의식이 부족했던 것이다. 그런데 이 일 때문에 이번에는 인종 간의 새로운 계급이 발생하고 말았다. 함은 노아의 예언대로 저주를 받아 형제들의 종이 되어버렸기 때문이었다.

> 가족 간의 사랑이 이웃사랑의 원리를 어느 정도 채우고 있었지만, 그것은 근접한 상태를 말하는 것일 뿐, 이웃을 자기 자신처럼 사랑하는 데에는 충분하지 못한 것이다. 그리스도의 희생으로 이루어진 인간구원을 위한 예수님의 사랑이 인간에게 성취되기 전까지는 하나가 되는 일은 불가능했던 것이다.

아브라함의 믿음

관계를 드리지 못한다면 온전한 믿음이 아니다.

> 아브라함은 외아들 이삭을 번제로 드리는 일에 순종한 것이 아니라 가장 소중한 인간관계까지 하나님께 다 맡긴 것이었다. 그럼으로써 하나님과 아브라함과 이삭 모두가 승자가 되었다. 아브라함은 가장 깨기 힘든 인간관계를 드렸다.

하나님은 그런 와중에서도 하나님을 믿는 사람을 찾으셨는데 그는 바로 아브라함이었다. 아브라함은 하나님의 말씀을 따라 무작정 고향을 떠날 만큼 믿음이 신실한 사람이었다. 하나님은 아브라함을 통하여 인간에게 구원의 길을 열기로 작정하셨다. 아브라함은 일반적인 신앙의 측면에서 보자면 훌륭한 점들이 많았지만 하나님은 그런 믿음이 아니라 정말 인간구원의 출발점이 될 수 있는 완전한 믿음을 원하고 계셨다. 그래서 하나님은 아브라함에게 이삭이라는 상속자를 주시겠다는 언약을 통하여 지속적으로 아브라함을 훈련하셨다. 아브라함의 인생은 오직 이삭에게만 모든 초점을 둔 이삭바라기의 삶이 되었던 것이다.

아브라함의 삶은 모든 것이 이삭과 연결되어 있었다. 하나님께서 아브라함을 무조건적으로 지지하시고 기다려주시고 실수를 용납하실 뿐만 아니라 오히려 더 큰 복을 주신 일들은 전부 이삭을 위한 일이었다. 그렇게 75세에 시작된 하나님의 언약은 100세 때에 성취되어 이삭을 낳았다. 그런데 인간사랑이 극대화되었을 때를 기다리시는데, 이삭이 청소년이 되었을 때 하나님은 기다렸다는 듯이 이삭을 제물로 요구하셨다. 아브라함이 어떻게 해야 하겠는가? 이삭만 바라보고 살아온 40년의 세월을 이렇게 끝마쳐야 하겠는가?

> 이웃을 자기 자신과 같이 사랑해야 하는 근거는 바로 아브라함에게서 분명하게 드러나는데, 아브라함은 인간의 사랑 가운데 가장 길고 뜨거운 외아들을 향한 인간관계를 하나님께 드림으로써 진정한 이웃사랑의 문을 열었다. 아브라함이 말없이 칼을 들어 이삭을 죽이려고 할 때 하나님께서 막으시고 숫양을 대신 제물로 주신다. 우리는 이것을 믿음이라고 말한다. 하나님께서 개입하실 때 참된 이웃사랑이 성취되는 것이다.

믿음과 이웃사랑

이웃에게 초점을 못 맞추면
그 사랑은 거짓이다.

> 이웃사랑은 하나님과의 관계중심이어야 하지만 그 목적지는 어디까지나 이웃이어야 한다. 아브라함이 자기가 받을 복을 생각했더라면 순종할 수 없었을 것이다. 아브라함은 하나님의 시각으로 이삭을 보았기 때문에 순종이 가능했던 것이다.

아브라함의 믿음은 모든 기독교신앙의 출발점이다. 복이든 저주이든 하나님께 전부 맡기는 것이 믿음이다. 거기에서 희생될 수 있는 부분이 바로 인간관계이다. 아브라함에게 있어서 이삭은 자기 자신과 같이 사랑할 수 있는 유일한 존재이다. 모든 사람들이 그렇게 고귀한 사랑을 받고 자란다. 그런데 인간에게서 참된 이웃사랑을 찾아볼 수 없는 이유는 그 고귀한 사랑을 자기에게 유리한 방향으로만 받아들이기 때문이다. 타인을 볼 때 자기 자신과 같이 볼 수 없다면 이웃사랑은 존재할 수 없다.

가장 소중한 인간관계, 자기 목숨보다 더 중요한 인간관계를 깰 수 있다면 하나님의 시험은 통과된다. 이웃사랑에 대한 중대한 원리는 그 모든 결과를 하나님께 완전히 맡길 때 가능해진다는 것이다.

이웃을 자기 자신처럼 사랑하는 첫 번째 목적은 그 이웃이어야 한다. 모리아산에서의 아브라함과 이삭과 하나님의 삼각관계는 어떻게 결론지어졌는가? 하나님은 인간을 구원하시기 위한 믿음의 사람을 얻으시고, 아브라함은 사랑하는 아들을 다시 얻고, 아들 이삭은 아브라함에게 주어지는 모든 복의 상속자가 되어 하나님께 영광을 돌린다. 누구누구에게 유익이 되었는가? 두 사람과 하나님 모두가 큰 유익을 얻었다. 이것이 참다운 의미의 자기 자신처럼 사랑하는 이웃사랑이다.

기본적으로는 모두가 승자가 되는 길이 바로 진정한 이웃사랑의 의미이다. 진정한 이웃사랑은 자기 힘이나 능력으로 되는 것이 아니다. 진정으로 이웃을 자기 자신처럼 사랑하는 일은 하나님께 대한 전적인 믿음으로만이 가능하다. 뼈를 깎는 인내로 이웃을 사랑하는 것이 아니라 순전히 하나님께 대한 믿음으로 순종하는 것이 참다운 이웃사랑이다. 참다운 믿음이 있다면 진정 이웃을 자기 자신처럼 사랑할 수 있다.

아담 이후의 이웃사랑

출발하기

　이웃사랑이란 궁극적으로는 하나님과 사람 사이를 회복시키는 일이다. 그래서 이웃사랑의 지향점은 모든 인류가 진정으로 하나가 되는 데에 두어야 하는 것이다. 그러나 그것은 인간의 사랑으로는 한계가 너무 뚜렷하여 그것만으로는 참된 이웃사랑의 출발조차도 하기 힘들다. 이웃에게 나누고 돕고 섬기는 것으로만 그치는 것이 아니라 하나님과 하나가 되지 못하면 이웃사랑은 불가능하기 때문이다. 이웃사랑은 기본적으로는 인간 간의 회복이지만 궁극적으로는 하나님과 인간, 인간과 인간 모두가 화목해져야 비로소 완성될 수 있는 것이다. 그것을 최초로 제시한 사람이 아브라함이었다. 그는 이삭을 바침으로써 하나님, 자기 자신, 아들 이삭 모두가 승리하는 믿음의 본을 보였던 것이다. 그러나 이웃사랑의 원형은 바로 예수님의 십자가 사랑이다. 왜냐하면 그것은 목숨을 주심으로써 인간과 하나 된 하나님의 사랑이었기 때문이다.

제3장
그리스도와 이웃사랑

어린 자녀를 향한 부모의 사랑은 부모 자신을 사랑하는 것보다 더하면 더했지 덜하지는 않을 것이다. 하나님은 이웃을 자기 자신과 같이 사랑하는 모습들을 이 지구상에 존재하는 모든 가정의 수만큼이나 주셨다. 그런 고귀한 사랑을 먹고 입고 자랐으면서도 우리는 이웃을 자기 자신과 같이 사랑할 수 없다. 그런데 하나님은 아브라함에게 목숨보다 더 귀한 외아들 이삭을 제물로 바치라고 하셨다. 인간의 사랑을 포기할 때 하나님께서 함께 하실 수 있기 때문이다. 자식을 사랑하는 것으로는 이웃을 그렇게 사랑할 수 없지만 하나님께서 개입하시면, 곧 하나님과의 사이에서 뱀을 제거하면 우리는 이웃을 자기 자신과 같이 사랑할 수 있게 된다. 그런데 모든 인류가 그렇게 사랑할 수 있도록 길을 열어주신 분이 예수님이시다. 그래서 그리스도인의 이웃사랑은 예수님의 사랑으로부터 출발하지 않으면 큰 의미가 없는 것이다.

하나님과 여자와 뱀

뱀을 버리지 못하면
참사랑은 불가능하다.

하나님과 하와 사이에 뱀이 끼어들면서 에덴에서 쫓겨났다. 하나님은 그 뱀을 제거하기 위해 여자의 후손이신 그리스도를 보내주셨다. 뱀을 제거하는 방법은 남자(죄인)의 다스림이 아니라 하나님의 다스림을 받는 것이다. 마리아가 그랬다.

하나님은 문제의 근원을 해결하고자 여자와 뱀의 관계에 대해 책임을 물으신다. 그래서 여자가 뱀과 원수가 될 것을 말씀하신다. 모든 인간과 원수가 되고 하나님과 사람, 사람과 사람 사이를 갈라놓은 뱀인데, 그 뱀을 물리치기 위해서 하나님은 여자의 후손이 뱀의 머리를 상하게 할 것이라고 말씀하신다. 결정적으로 실수한 주인공은 여자였던 것이다. 하나님은 여자의 후손을 통해서 사람과의 관계에서 뱀의 존재를 제거하셔야만 했다. 뱀의 존재를 완전히 지우셔야만 다시 인간과의 관계가 회복될 수 있는 것이다. 하나님을 믿지 않는 사람의 의미는 하나님과의 관계에 여전히 뱀이 존재하는 상태를 말하는 것이다. 그러니까 서로 하나 되는 길은 뱀을 제거하는 길뿐이다. 천국이란 어떤 곳인가? 뱀이 존재하지 않는 곳이다.

하나님은 여자에게는 죄를 직접 물으셨지만 아담에게는 아내의 말을 듣고 선악열매를 따먹은 죄를 물으셨다. 엄밀하게 말해서 남자는 제2의 범인, 곧 여자가 주범이요 아담은 공범이라는 말이다. 그렇게 여자에게 책임을 지우시면서 하나님은 여자가 남자의 다스림을 받도록 하셨다. 그것은 우열의 문제가 아니라 보다 감정적인 여자가 보다 이성적인 남자의 결정에 따르도록 하신 것이었다. 아무튼 인류는 여자의 후손(예수)이 승리해야 참 이웃사랑이 가능하게 된 것이었다.

> 하나님과 사람 사이에는 뱀의 존재가 결정적인 역할을 하게 되어 있다. 오늘날 뱀은 단지 영적 존재로서의 뱀이 아니라 세상의 모든 물질, 탐욕, 정욕, 이기심, 욕구들로 대변된다. 하나님과 사람 사이에 이런 뱀이 끼어들어 있으면 하나님의 음성은 결코 들리지 않는다. 사람이 다른 사람을 자기 자신처럼 사랑하려면 그 전제조건은 하나님과의 사이에서 훼방하고 있는 뱀의 존재를 지워버리는 것이다. 뱀이 사라지면 사람은 누구나 다른 사람을 자기 자신처럼 사랑할 수 있다.

천국이란 어떤 곳일까?

천국은 뱀이 존재하지 않는 완전한 곳이다.

> 세상에는 뱀으로 말미암아 눈물, 사망, 애통, 아픔, 원망, 다툼이 들어와서 인생을 불행하게 만든다. 따라서 뱀이 사라지면 눈물이든 다툼이든 사라지게 된다. 천국은 뱀이 없는 곳이기 때문에 완전하다. 뱀이 아니라 하나님의 다스림을 받아야 한다.

뱀이 사라진 세상은 과연 어떤 곳인가? 그 완전한 상태에 대한 그림을 그려보아야 참된 이웃사랑의 비결이 생길 것이다. 사탄은 죄와 악을 그냥 퍼뜨린 것이 아니라 지금도 여전히 악과 죄를 지배하기 위해 안간힘을 쓰고 있다. 복음은 사탄의 궤계에서 벗어나 하나님의 자녀로 변화시키는 유일한 길이다. 지상에서 그리스도인들이 온전히 하나님의 지배를 받을 수 있는 순간은 성령 충만할 때이다. 우리가 이웃을 진정으로 자기 자신처럼 사랑하는 일은 성령 충만하면 가능해진다. 성령 충만하면 뱀이 결코 간섭할 수 없기 때문이다. 그러나 천국에서는 성령 충만을 위해 애쓸 필요가 없다. 뱀이 없는 곳이기 때문이다.

천국에 가면 뱀으로 인하여 내리셨던 그 어떤 벌이나 심판도 존재하지 않는다. 결론적으로 천국에는 오로지 사랑만이 존재한다. 왜 이웃을 자기 자신처럼 사랑하는 이야기에 천국을 제시하겠는가? 원형을 알아야 하기 때문이다. 그것이 천국이다. 낙원을 잃어버린 결과가 지금 현재라는 사실을 단 한 순간도 잊어버리면 안 된다. 왜냐하면 원래 우리의 모습을 기억하고 있어야 그나마 조금이라도 진정한 이웃사랑에 근접할 수 있기 때문이다.

> 천국에 가면 모두가 왕 노릇한다고 말씀한다. 모두가 지배자가 되면서 모두가 지배를 받는 사람들이 천국백성들이다. 어떻게 그것이 가능하겠는가? 천국백성들에게는 이기심이 없기 때문이다. 시기나 질투나 명예욕도 없기 때문이다. 아무것도 부족하거나 모자라는 것이 없으니까 따로 이기심을 가질 필요가 없다. 뱀을 제거하면 이 모든 것이 가능해진다. 우리가 지향하고 있는 천국은 바로 그런 곳이다.

여자의 후손 그리스도

하나님의 다스림을
받기 위한 싸움이 신앙이다.

> 우리가 이웃을 자기 자신처럼 사랑하지 못하는 근본적인 이유가 뱀이다. 마리아가 뱀의 다스림을 받았다면 그리스도는 없었다. 우리의 싸움은 뱀과의 싸움인 동시에 하나님의 다스림에만 의지하기 위한 투쟁이어야 하는 것이다.

우리는 천국에서 서로 사랑하는 것이 아니라 뱀이 아직도 왕성한 지배력을 가지고 활동하는 이 세상에서 이웃을 우리 자신처럼 사랑해야 한다. 하나님은 제사법을 주심으로써 아주 일시적으로 죄를 벗어나게 하셨지만 그것으로 온전할 수는 없다. 하나님은 어떤 민족에 국한하는 것이 아니라 모든 인간에게 보편적으로 적용 가능한 구원의 방법을 제시하셨다. 그것이 바로 여자의 후손이 뱀의 머리를 상하게 하는 것이었다. 그런데 여자의 후손이 자기 마음대로 뱀의 머리를 상하게 한다면 여자는 남자의 다스림을 받으라는 하나님의 말씀과 모순이 된다. 그러나 이것은 여자 마음대로가 아니라 하나님의 다스림을 뜻한다. 그래서 성령으로 마리아가 그리스도를 잉태함으로써 예수님은 남자의 후손이 아니라 여자의 후손이 되셨던 것이다. 그분은 죄가 없으시다.

하나님은 인류사에서 단 한 번 남자의 다스림을 받지 않은 여자를 통하여 메시아를 허락하셨다. 뱀을 끌어들인 여자로 하여금 그 뱀을 다시 쫓아내도록 하셨던 것이다. 우리는 뱀을 쫓아내기 위해서 남자(죄인)의 다스림을 받으면 실패할 것이고 예수님(의인)의 다스림을 받으면 성공할 것이다. 적어도 복음적인 삶을 살기 위해서는 어떤 상황 가운데에서도 온전히 하나님의 다스림을 받아야 뱀을 제거할 수 있는 것이다.

예수님의 십자가 희생은 뱀의 존재를 제거해버리신 것이었으며, 한 인간이 다른 인간을 자기 자신처럼 사랑할 수 있는 길을 여신 것이었다. 물론 뱀이 존재하지 않는 영원한 천국에 가기 전까지는 여전히 뱀과 공존해야 한다. 그럼에도 불구하고 하나님의 자녀들은 하나님의 다스리심을 받아야만 승리하는 존재들이다. 네 이웃을 네 자신처럼 사랑하라는 말씀은 반드시 하나님의 다스리심을 받을 때에만 가능해진다. 우리는 원래 하나님 안에서 지음 받은 존재들이기 때문이다.

우리를 대신하신 그리스도

신앙인은 그리스도 대신
이웃을 사랑하는 사람이다.

> 예수님은 구약의 번제, 소제, 속죄제, 속건제, 화목제의 모든 요소를 우리를 대신하여 만족시키셨다. 그리스도인은 예수님께서 우리 대신 감당하셨던 요소들을 이웃을 위해 감당해야 하는 사람들이다. 이웃사랑은 예수님 대신, 이웃을 대신하는 사랑이다.

이웃을 자기 자신처럼 사랑하는 일은 인간이라면 거의 불가능에 가깝다. 왜냐하면 우선 '자기'라는 주체가 있고 그 주체로서 함께 가야 할 가족들이 있기 때문이다. 하나님은 하나님의 다스림만을 받은 한 여자를 통해서 그리스도를 세상에 보내셨다. 그것은 뱀으로 인해 들어온 그 죄를 사라지게 만드시기 위해서이다. 예수님은 인간이 당해야 할 모든 죄와 아픔을 감당하기 위해 오셨던 것이다. 한 마디로 사람을 대신하시는 것이었다. 우리를 대신하여 고통을 받으셨고 조롱을 당하셨고 죽으셨다. 참된 이웃사랑은 바로 대신하는 사랑이다. 이웃을 자기 자신처럼 사랑한다는 말은 이웃 대신 우리가 당한다는 의미이다.

하지만 우리 대신 죽으신 것은 단지 구원받아 천국에 가라는 말씀만은 아니었다. 하나님은 그렇게 구원받은 백성들이 그들 자신을 위해서 살지 말고 그들을 대신하여 죽으신 그리스도를 위하여 살게 하기 위해 예수님을 보내셨다. 예수님은 구약의 다섯 가지 제사법을 우리 대신 모두 만족시키셨다. 번제는 완전한 헌신, 소제는 소금의 역할, 속죄제는 하나님께 대한 죄 사함, 속건제는 사람끼리의 죄 사함, 화목제는 하나님과의 화평을 뜻하는 제사들로서, 그리스도는 이 모든 것을 한 번에 충족시키셨다. 그리스도의 대신사랑은 우리 대신 이 모든 제사의 사역을 홀로 감당하신 것이었다.

우리가 이웃을 우리 자신처럼 사랑하기 위해서는 우리와 하나님 사이를 가로막고 있는 뱀을 제거하는 길이 유일한데, 그것은 그리스도께서 우리 대신 죽으심으로써만이 가능하다는 사실을 알려준다. 그리스도 예수님은 그런 길을 여시고 우리로 하여금 그 길을 따라오라고 하신다. 우리는 예수님 대신 이웃을 자기 자신과 같이 사랑하는 사람들이다.

그리스도와 이웃사랑

출발하기

　그리스도인의 삶은 하나님과 사람 사이, 사람과 사람 사이에 존재하는 뱀을 제거하는 싸움의 길이다. 왜냐하면 뱀은 하나님과 사람, 사람과 사람을 갈라놓고 다투게 만드는 근본부터 악한 존재이기 때문이다. 뱀을 제거하는 길은 이웃을 자기 자신과 같이 사랑하는 것이 유일한데, 그것을 위해서는 인간의 사랑으로는 전혀 불가능하다. 엄마와 아기의 사랑이 가장 지고한 사랑이지만 그런 사랑을 온몸으로 받고도 다른 사람을 그렇게 사랑할 수 없는 것 역시 뱀 때문이다. 뱀을 물리칠 수 있는 사랑이 바로 그리스도의 사랑인데, 그리스도는 여자의 후손에게서 죄 없이 태어나시고 율법의 다섯 가지 제사를 충족시키셨으며 모든 인간들 대신 십자가에 죽으셨다. 우리는 그리스도의 대신사랑으로 뱀을 제거할 수 있는 바, 그리스도 대신 이웃을 사랑함으로서 승리하게 되는 것이다.

제4장
자기사랑과 이웃사랑

이웃을 자기 자신처럼 사랑하려면 먼저 온전한 자기사랑이 이루어져야 한다. 순전한 자기사랑은 하나님 안에서 깨닫지 않으면 결코 소유할 수 없는데, 자기를 긍정적으로 사랑하더라도 예수 그리스도 안에서 하나님과의 관계 가운데 사랑하지 않는다면 진정한 자기사랑이라고 할 수 없기 때문이다. 하나님 안에서 자기를 사랑하지 못한다면 참된 이웃사랑은 발견될 수 없다. 자기 자신을 올바르게 사랑하지 못하면서 어떻게 이웃을 올바르게 사랑할 수 있단 말인가? 자기를 미워하는 사람은 이웃을 돌보는 것 같아도 오히려 자기공로를 앞세우는 사람이기 쉽다. 왜냐하면 자기 미움에 대한 보상으로 구제를 할 수도 있기 때문이다. 그래서 이웃을 자기 자신처럼 사랑하려면 우선 하나님 안에서 스스로가 자기 자신을 진정으로 사랑할 수 있어야 하는 것이다.

그리스도인의 태생적 정체성
자기를 사랑하지 못하면
거듭난 것이 아닐 수 있다.

> 우리는 하나님의 자녀들이다. 우리는 하나님의 백성들이요 상속자들이며 권속들이며 빛의 아들들이다. 예수님은 우리를 위해 목숨을 버리셨다. 어떻게 우리 자신을 사랑하지 못하는가?

그리스도의 십자가 사랑으로 죄를 씻어내고 상처를 치유하면 사실상 자기를 사랑하지 않으려고 해도 사랑하지 않을 수 없게 된다. 사도 바울이 표면적 유대인과 이면적 유대인을 구별해서 말한 것과 같이 이면적, 곧 심령적 그리스도인이 참된 그리스도인이다. 우리는 하나님으로부터 났기 때문에 하나님의 자녀들이고 하나님은 우리의 아버지가 되신다. 이것은 일상적인 것이 아니라 아주 대단히 특별한 것이다. 우리가 하나님의 자녀가 된 것은 우리의 공로는 전혀 없고 오직 하나님의 은혜로만 주어진 것이다. 우리가 자기 자신을 사랑하기 위해서는 우리가 하나님의 자녀라는 사실을 가슴 깊이 새겨서 무의식으로라도 튀어나올 수 있는 자의식을 가져야 한다.

그리스도인은 신분적으로는 하나님의 자녀요, 삶으로는 하나님의 백성이요, 기능적으로는 하나님의 양들이다. 우리는 하나님으로부터 지으심을 받았다. 우리는 하나님의 소유이다. 우리가 하나님의 권속임을 깊이 깨닫는다면 틀림없이 우리를 진정으로 사랑할 수 있다. 우리는 하나님의 가족들이다. 가족은 기본적으로 혈연관계이다. 모든 그리스도인들, 모든 교회는 전부 혈연관계이다. 우리는 어둠이 아니라 빛의 아들들이다. 어둠 속에서 괴로워할 필요가 없다. 그리스도인은 하나님을 믿지 않는 사람들과는 전혀 다른 새로운 종족이요 신인류이다.

> 그리스도인이라면서 스스로를 낮고 천하게 여긴다면 그는 아직 참된 그리스도인이 아니다. 우리는 하나님의 생명을 다하시는 사랑을 입은 귀한 존재들이다. 우리는 하나님 안에서 사랑을 받을 만한 사람들이다. 그렇지 않다면 그리스도께서 우리를 위해 피 흘리시고 목숨까지 버리시겠는가? 자기사랑이 분명한 사람만이 이웃을 자기 자신처럼 사랑할 수 있다.

그리스도인의 선교적 정체성

하나님의 동역자임을 믿는다면 자기를 사랑할 수 있다.

우리는 성령님의 성전이다. 왜냐하면 성령님으로 인하여 하나님의 일을 해야 하기 때문이다. 그것만 해도 사랑받기에 충분하다. 우리는 세상의 빛과 소금으로 부르심 받았다.

자기 자신을 사랑하기 위해서는 우리의 선교적 정체성에 대해서도 인식해야 한다. 우리가 이웃을 우리 자신처럼 사랑하는 것이 결국 선교적 기능이기 때문이다. 사도 바울은 우리를 하나님의 동역자들이라고 말한다. 동역자는 하나님께서 선한 일을 함께 감당하게 하시는 사람이다. 하나님의 동역자라면 어찌 자기 자신을 사랑하지 않을 수 있겠는가? 그리스도인은 성령께서 거하시는 성전이다. 그 말씀은 우리가 우리를 다스리는 것이 아니라 하나님께서 우리를 다스리시도록 내어드린다는 말씀이다. 그리스도의 피로 죄 사함 받고 구원받은 우리는 우리 자신을 미워할 권한이 없다. 또한 이웃을 미워할 권리는 없고 사랑할 권리만 가지고 있다. 그들을 미워하고 비판하고 심판하실 분은 오직 그리스도뿐이시다.

자기 자신을 사랑하지 못하고 이웃을 사랑할 수는 없다. 자기 자신을 사랑하지 못한다면 이웃을 위해 자기 몸을 내어줄지언정 사랑은 빠져버리는 현상의 주인공이 될 뿐이다. 자기 자신을 사랑하지 못하면 모든 것이 헛될 수도 있다. 자기 자신을 사랑하면서 이웃을 자기 자신처럼 사랑하는 사람에게서는 그리스도의 향기가 난다. 성경에는 마음과 목숨과 뜻과 힘을 다해서 하나님을 사랑하고 이웃을 자기 자신처럼 사랑하라고 하셨지만, 자기 자신을 사랑하라는 말이 중간에 들어가야 하는 것이 아니겠는가? 그렇게 되면 자연스럽게 세상의 빛과 소금이 되는 것이다.

> 사명을 감당하기 전에 자기 자신을 정말 사랑하고 있는지를 분별해야 한다. 그래야 세상의 소금과 빛일 뿐 아니라 향기요 편지요 성전이요 택하신 족속이요 왕 같은 제사장이요 거룩한 나라요 그의 소유가 된 백성이 되는 것이다. 올바른 구원관을 가지고 있는 그리스도인이라면 마땅히 자기 자신을 진정으로 사랑할 수 있어야 한다. 그래야 성경의 모든 말씀이 자기 자신에게 그대로 성취될 수 있기 때문이다.

자기사랑은 영혼사랑이다.

번영을 추구하면
자기 영혼을 미워하는 것이다.

> 자기 목숨까지 미워해야 하는 이유는 자기 영혼을 사랑하기 위해서이다.
> 자기 영혼을 사랑하는 사람은 하나님을 사랑하는 사람이고 마찬가지로
> 이웃을 사랑할 수 있는 사람이다.

자기를 낮추고 다른 사람을 낫게 여기라고 해서 자신을 열등하게 여기고 심리적으로 학대해도 된다는 말은 아니다. 그것은 오히려 그리스도인으로서의 삶을 훼방한다. 그러나 성경은 자기의 육체적 유익을 위해 자기를 수용하는 것은 자기사랑이라고 하지 않는다. 예수님은 육체적인 자기사랑이 아니라 자기를 미워하지 않으면 제자가 되지 못한다고 말씀하신다. 육체적인 자기사랑으로는 결코 천국을 차지할 수 없다. 그러나 진정한 자기사랑은 자기 육체도 사랑하는 것이다. 다만 육체를 사랑하라는 말씀은 그의 나라를 위해 육체를 사용하라는 말씀이고, 그리

스도인으로서 하나님을 사랑하기 위해서는 육신을 아끼라는 말씀이다. 그것은 결국 자기 영혼을 사랑하라는 말과 같은 뜻이 된다. 자기 육체를 아끼는 것도 자기 영혼을 사랑하기 위해 하라는 말씀이다.

자기 생명을 사랑하는 사람은 자기 영혼을 잃어버리게 되는 것이고, 자기 생명을 아까워하지 않고 버릴 수 있는 사람은 오히려 자기 영혼을 영원토록 보전하는 사람이 된다. 믿음이 없는 사람들의 자기사랑은 육체사랑이고, 구원받은 백성들의 자기사랑은 영혼사랑이다. 우리는 우리의 것이 아니기 때문에 자기사랑은 영혼사랑인 것이다. 그리스도인의 자기사랑은 하나님사랑이다. 하나님을 사랑하지 않고 자기를 사랑할 수 없기 때문이다. 하나님을 사랑하는 사람만이 자기 자신을 진정으로 사랑할 수 있고, 동시에 이웃을 자기 자신처럼 사랑할 수 있게 된다. 이웃을 자기 자신처럼 사랑할 수 있는 근거가 바로 자기 영혼을 사랑하는 것이다. 하나님사랑과 이웃사랑은 같은 의미를 가진다.

> 자기사랑은 자기 영혼을 사랑하는 것이고 그것은 하나님을 사랑하는 것이지만, 동시에 세상의 미움을 받을 수 있다. 그럼에도 하나님을 사랑하고 이웃을 자기 자신처럼 사랑하는 사람이 자기 영혼을 진정으로 사랑하는 사람이다.

우리를 향한 하나님의 사랑

하나님의 사랑을 못 깨달으면 자기를 사랑할 수 없다.

> 하나님의 사랑을 크게 느낄수록 자기를 많이 사랑할 수 있다. 우리는 우리 죄를 씻어주신 그 사랑으로 인하여 우리 자신을 사랑하고 이웃을 우리 자신처럼 사랑하는 것이다.

어릴 때부터 부모님의 사랑을 많이 받은 사람은 매사에 자신감이 있고 필요할 때 다른 사람을 사랑할 수 있다. 사랑도 받아보아야 다른 사람을 제대로 사랑할 수 있다. 우리 그리스도인들에게는 그것이 하나님의 사랑이다. 하나님의 사랑을 자주 경험한 사람은 위기에도 하나님께 모든 것을 맡기고 평안할 수 있다. 우리는 하나님께서 눈동자처럼 살피시고 보호하신다는 사실을 굳게 믿어야 자기를 사랑할 수 있고 이웃을 사랑할 수 있다. 우리 자신을 사랑할 수 있는 최대한의 근거는 우리를 향하신 하나님의 사랑이다. 하나님의 사랑은 우리의 필요를 따라 울

부짖으면서 쟁취하는 것이 아니다. 하나님은 우리가 태어나기 전부터 우리를 사랑하셨다. 예수님이 언제 십자가에서 죽으셨는가? 내가 죄를 지었을 때가 아니다. 내가 태어나기 2천 년 전에 이미 나를 위해 죽으셨다.

하나님의 사랑을 자신에게 성취하는 일은 물론 우리 자신이다. 하지만 그 사랑을 투영하여 스스로 하나님을 사랑할 수 있게 하시는 분은 성령님이다. 하나님의 사랑은 성령님을 통해 우리의 심령 속에 거하신다. 성령님도 역시 사랑이시다. 우리가 하나님을 사랑하고 하나님의 전적인 사랑에 거하려면 사랑의 성령님의 능력을 힘입어야 한다. 우리가 이웃을 우리 자신처럼 사랑해야 하는데 그 사랑을 줄 수 없을 때에도 성령님을 힘입어야 한다. 성령님으로 비롯되는 가장 첫 번째 열매가 바로 사랑인 것이다.

> 우리는 당연히 하나님의 사랑을 믿고 우리 자신을 사랑하며 그 사랑으로 이웃을 자기 자신처럼 사랑할 수 있는 사람들이다. 결국 이런 이야기들은 전부 영혼사랑에 대한 이야기들이다. 우리의 모든 육체적 삶은 우리의 영혼에 유익하도록 하기 위한 것이어야 한다. 하나님의 사랑을 이해하는 사람만이 자기 영혼을 사랑할 수 있다.

자기사랑 없이 이웃사랑 없다.

우리가 자신을 사랑하도록
예수님께서 죽으셨다.

예수님은 우리가 영원토록 주와 함께 살도록 죽으셨다. 우리는 그럴 가치가 있다. 이웃들도 예수님께서 죽으실 만한 가치가 있다. 우리를 사랑하듯이 이웃을 사랑해야 하는 이유이다.

우리는 이웃을 왜 자기 자신처럼 사랑해야 하는가에 대한 해답을 가지고 있어야 한다. 그것은 우리의 이웃들도 역시 그리스도께서 위하여 죽으신 사람들이기 때문이다. 우리가 모르는 이웃들도 역시 주께서 위하여 죽으신 사랑의 대상들이다. 그래서 이웃을 사랑하지 않는다면 그것은 그리스도께 죄를 짓는 것이다. 이웃은 사랑하면 좋고 사랑하지 않아도 별 탈 없는 것이 아니라 반드시 자기 자신처럼 사랑해야 하는 대상들이다. 목적은 무엇인가? 아직 믿지 않지만 이미 그리스도께서 위하여 죽으신 사람들을 하나님 앞으로 인도하기 위함이다. 여기에 자기 자신처럼 이웃을 사랑해야 하는 당위성이 존재하는 것이다.

우리 자신을 사랑해야 하는 다른 이유는 우리를 위해 죽으신 그리스도의 목적이 바로 우리로 하여금 그리스도와 함께 영원토록 사는 것이라는 것이다. 그래서 우리는 고귀한 사람들이다. 자신의 고귀함을 깨닫지 않고는 이웃의 고귀함을 인정할 수 없다. 우리가 우리를 사랑하도록 그리스도께서 자기 몸을 버리신 것처럼 이웃을 우리 자신처럼 사랑할 수 있도록 몸 버려 죽으셨다. 이것을 깨닫는 것이 그리스도인의 이웃사랑의 출발점이다. 그리스도인은 반드시 자기를 진정으로 사랑하는 단계로 나아가야 한다. 자기사랑과 이웃사랑은 마음과 목숨과 뜻과 힘을 다해 하나님을 사랑하는 것이다.

> 자기를 사랑한다는 것은 자기 영혼을 사랑하는 것이다. 자기 영혼에 해가 되는 일을 하지 않는 사람이 자기를 사랑하는 사람이다. 우리가 하나님을 사랑하고 우리를 사랑하고 이웃을 사랑해야 하는 것은 하나님께서 먼저 우리의 영혼을 사랑하셨기 때문이다. 하나님의 사랑을 받아들이고 우리도 목숨으로 하나님을 사랑하고 이웃을 우리 자신처럼 사랑하자.

자기사랑과 이웃사랑

출발하기

    그리스도는 우리를 위해 목숨을 버리셨다. 마찬가지로 우리의 이웃을 위해서도 목숨을 버리셨다. 물론 우리는 그 이웃이 누구인지를 모른다. 그러나 우리는 우리의 모든 이웃이 바로 그 사람들이라고 믿고 사랑하는 것이다. 우리가 우리 자신을 정말 사랑한다면 이웃을 위해 모든 것을 줄 수 있어야 한다. 억지로 결단하라는 것이 아니라 정말 하나님의 사랑을 느끼고 있다면 우리는 우리 자신을 사랑할 수 있다. 그리고 동시에 이웃을 우리 자신과 같이 사랑할 수 있게 되는 것이다. 하나님의 사랑이 우리를 지배하고 있는 이상, 우리는 우리 자신을 사랑할 수 있고 이웃을 우리 자신처럼 사랑할 수 있게 된다. 자기를 사랑하지 않고 이웃을 자기 자신처럼 사랑할 수는 없다. 이웃을 자기 자신처럼 사랑하기 위해서 우리 자신을 먼저 사랑하자.

제2부

구약의 이웃사랑

제5장
율법이 말하는 이웃사랑

이웃을 자기 자신처럼 사랑하는 일은 근본적으로 하나님의 마음이요 뜻이다. 이웃을 자기 자신처럼 사랑하게 되면 그것은 곧 한 사람이 된다는 것을 뜻한다. 하나님은 하나님으로 하나가 되기를 원하신다. 우리가 이웃을 우리 자신처럼 사랑해야 하는 이유는 원래 하나였기 때문이다. 하나가 되는 유일한 길이 다른 사람을 자기 자신처럼 사랑하는 것이다. 하나님은 성도들이 서로 사랑하기를 자기 자신을 사랑하는 것처럼 하기를 원하신다. 하지만 구약에서는 자기 자신처럼 사랑하라는 말씀은 크게 강조되지 않은 것처럼 보인다. 예수 그리스도께서 이웃을 자기 자신처럼 사랑하시기 위해 스스로 목숨을 버림으로써 그 의미를 제시하기 이전이었기 때문이다. 그러나 이웃을 자기 자신처럼 사랑하는 일은 구약에서나 신약에서나 똑같은 하나님의 뜻이다.

십계명의 본질적 의미

십계명을 이웃사랑의 관점으로 보면 삶이 달라진다.

> 십계명은 이스라엘이 엄격하게 지켜야 하는 법이 아니라 최소한의 구체적인 이웃사랑을 가르치신 하나님의 마음이었다. 오히려 오늘날 신앙인으로 살아가는 데 더 필요한 행동규범이다.

하나님의 사랑의 뜻은 십계명 속에 전부 들어 있다. 십계명의 처음 네 가지 계명은 하나님과의 관계, 나머지 여섯 가지 계명은 사람과의 관계에 관한 법이다. 하나님과의 관계와 이웃과의 관계가 모든 신앙생활의 핵심이라는 것이다. 앞의 네 가지 하나님과의 관계는 백성들과 하나님 사이를 가로막고 있는 뱀의 존재를 제거하라는 말씀이다. 하나님과의 관계 속에서 뱀의 존재를 제거해버린 사람에게 주시는 계명이 나머지 여섯 계명이다. 하나님에 대한 계명은 그리스도 사랑의 사전설명서이다. 십계명은 예수님의 희생과 부활 이후에 오시는 성령님의 시대에야 성취될 수 있다.

그런데 십계명은 이웃사랑의 개념이 아니라 공평이나 정의의 개념이었을 것이다. 그래서 그들은 규칙으로서의 계명을 지키는 것으로 완전하다고 믿었던 것이다. 율법 속의 계명은 민족 안에서의 최소한의 이웃사랑이었으며, 이방인에 대해서는 지독한 배척주의로 일관해온 것이다. 구약의 이웃사랑은 예수님 이후의 개념과는 상당한 거리가 있음에 틀림이 없다. 하나님은 신앙인들의 핵심가치를 자기 자신과 같이 이웃을 사랑하는 것에 두고 계시지만, 십계명은 그 뜻을 이루어 가시는 과정이었다는 사실을 알아야 한다.

> 구약의 계명과 율법들을 한국 사회와 교회에 그대로 적용할 수는 없다. 때로 지나치게 율법적인 사고방식으로 세상을 대하는 자세를 볼 때 모든 것이 하나님의 사랑의 실현을 위한 것임을 빨리 깨달아야 하겠다는 생각이 든다. 십계명에 정한 이웃과의 관계는 하나님의 나라에서 통용되어야 할 대원칙이자 근본적이고 핵심적인 사상이다. 그 속에는 자기 자신처럼 이웃을 사랑하라는 근본정신이 들어있는 것이다. 십계명은 이웃사랑의 잣대로 볼 때 그 의미가 100% 이해되는 것이다.

이웃에 대해서 거짓 증언하지 말라.

당신이든 누구든
거짓을 사용하면 마귀의 종이다.

> 십계명에서 거짓을 부정한 것은 이웃사랑을 깨고 공동체성을 무너뜨리기 때문이다. 거짓은 마귀의 수법이므로 거짓을 사용하는 사람은 일시적일지라도 마귀의 종이 되는 것이다.

제9계명은 거짓증언을 금지하고 있는데, 거짓이 인간관계를 근본적으로 깨어지게 만드는 가장 확실한 수단이기 때문이다. 뱀이 인간을 타락하게 만든 수단은 거짓이었다. 그래서 율법은 거짓된 소문을 퍼뜨리지 말고, 악한 일을 공모하여 위증하는 증인이 되지 말 것을 권고하며, 다수의 편을 들거나 부자를 위해 거짓증언하지 말라고 한다. 거짓증언은 하나님의 이름으로 거짓 맹세하는 일과도 직통한다. 도둑질이나 살인도 큰 악이지만 거짓이란 공동체를 깨뜨려버릴 수도 있는 거대한 악이다. 여호와의 백성은 언제나 하나님 앞에서 사는 사람들이다. 물건을 속이거나 도둑질하거나 착취하거나 주운 경우에 그 사실을 숨기거나 속이거나 거짓말하는 행위도 분명히 죄라고 못을 박고 있다.

  그리스도인이 사회의 질서를 잘 지키는 것도 이웃사랑이고, 예수님께서 남을 비판하지 말고 용서하라고 하신 말씀의 근원적인 핵심도 이웃사랑이며, 질서를 지키거나 다툼을 일으키지 말아야 하는 이유도 서로 사랑해야 할 대상들이기 때문이다. 귀중한 나눔과 섬김이라도 진정으로 이웃을 사랑하는 마음이 먼저이다. 율법은 그래서 주신 것이다. 율법은 이웃을 자기 자신처럼 사랑하는 전제조건이다. 그런 의식 없이 이웃을 사랑할 수는 없다.

> 거짓 증언하거나 거짓으로 남을 모함하는 것은 분명히 공동체를 파괴하는 악이다. 십계명과 율법은 신앙 공동체를 지키라고 주신 것이다. 하나님을 사랑하고 공동체를 사랑하고 이웃과 형제를 사랑하라는 것이다. 그것은 하나가 되라는 말씀이다. 하나가 되기 위해서 거짓이라는 악을 제거해야만 신실하고 온전한 신앙공동체가 될 수 있다는 것이다. 이웃을 자기 자신처럼 사랑해야 하는 이유는 하나님과 백성들이 완전한 하나가 되어야 하기 때문이다.

이웃의 소유를 자기 소유처럼 인정하라.

내 소유를 포기할 때
이웃의 소유가 소중해진다.

> 십계명에서 남의 소유를 탐내지 말라는 것은 이웃사랑의 가장 핵심적인 부분으로, 이웃의 소유를 지켜주는 것에서 그치는 것이 아니라 오히려 부족한 부분을 채워주는 마음을 뜻한다.

제10계명은 분명하게 이웃의 소유를 탐내지 말라고 가르친다. 이 계명도 역시 이웃사랑에 대한 말씀이다. 이웃을 자기 자신처럼 사랑하는 것이 하나님의 마음일진대, 소유를 나누지는 못할망정 오히려 탐낸다면 그것은 이웃을 대적할 뿐 아니라 하나님을 대적하는 일이 될 뿐이다. 이웃의 물건은 내가 내 물건을 아끼는 것처럼 그렇게 소중하게 여기는 마음을 가지고 있어야 최소한의 이웃사랑이 성립된다. 이웃의 가축들도 마치 자기의 소유인 것처럼 아끼고 돌보라고 말씀하신다. 심지어 이웃의 짐승이 길에 넘어져 있으면 자기 짐승인 것처럼 보살피고 함께 일으켜야만 한다. 이웃이 물건을 잃어버렸다면 자기 자신이 물건을 잃어버렸을 때를 생각하고 그 이웃을 위해 되돌려 줄 수 있어야 한다.

하나님께서 이렇게 세세한 율법을 주신 것은 기계적으로 지키는 로봇으로 만들기 위한 것은 아니다. 율법에 있는 이웃에 관한 모든 규정들은 가장 최소한의 하한선만 그어 놓으신 것이다. 하나님께서 원하시는 본래의 마음은 이웃을 자기 자신처럼 사랑해야 한다는 것이었다. 오늘날에는 나만 복 받으면 다른 성도들은 별로 개의치 않는다. 근본적으로 하나 되는 마음이 없다. 내 교회만 잘 되면 옆 교회는 별로 상관하지 않는다. 하나님은 이웃에 관한 율법을 주실 때 모두가 하나라는 마음을 가지기를 원하셨다.

> 율법을 율법으로만 보고 규칙을 규칙으로만 본다면 바리새인들과 조금도 다를 바가 없다. 율법은 마치 선악과와도 같아서 이것조차도 넘으면 안 되는 울타리인 것이다. 이스라엘은 그 속에 들어있는 하나님의 마음을 깨달아야만 했다. 이웃을 자기 자신처럼 사랑하는 것은 신약시대에만 국한되는 것이 아니다. 구약의 모든 율법은 이웃을 자기 자신처럼 사랑하라는 메시지로 가득 차 있는 것이다.

안식일과 안식년

안식을 실천하지 못하면 하나님과 관계없는 사람이다.

> 안식일, 안식년은 사람과 땅의 쉼을 통한 회복과 잃어버린 것의 회복을 위해 주신 선물이다. 안식년은 특히 부채를 면제해줌으로써 하나 됨의 회복을 뜻하는 이웃사랑의 법이다.

여호와께서 창조를 마치시고 일곱째 날에 쉬셨으므로 하나님의 백성들도 일곱째 날에는 쉬어야 한다. 이것이 제4계명이다. 안식일에는 모든 가족들과 종들과 가축과 방문한 나그네들까지 모든 일을 쉬는 것이다. 안식일 계명 역시 이웃사랑과 밀접한 관계가 있다. 모든 이웃들도 공평하게 안식해야 하며 그것을 자기 자신을 사랑하는 것처럼 인정해주라는 뜻이다. 하나님의 안식은 휴식이나 재충전의 개념이 아니었다. 안식은 모든 일을 완전히 마친 상태, 곧 영원한 쉼을 뜻하는 것이다. 안식일을 지키는 것은 여호와께서 우리 하나님이심을 가리키는 표징이고, 애굽에서 구원해내신 하나님을 기억하는 것이다. 안식일을 지킬 때마다 열 가지 재앙, 매일의 만나와 메추라기, 구름기둥과 불기둥의 은혜를 기억하는 것이다. 안식일에 노동을 하면 하나님을 무시하는 것이다.

안식년은 안식일의 개념에서 확대된 개념이다. 안식년은 육년 동안 가꾸던 땅을 일 년 동안 쉬게 하는 것이다. 하지만 이것도 땅을 위한 법이 아니라 사람을 위하는 법이다. 안식년의 소출은 안식일의 무노동 원칙처럼 가족들과 종들과 거류민들과 가축들까지 포함하는 모두의 소유가 된다. 안식년이 면제년인데 그것은 안식년의 끝에 모든 빚을 면제해주는 법이다. 안식년은 땅을 쉬게 하는 법이지만, 동시에 이웃이 진 부채를 탕감해주는 제도이기도 하다. 물질관계를 풀어주게 함으로써 이웃관계를 사랑의 관계로 회복시키는 법인 것이다.

이웃을 배려하고 관계를 회복시키고 쉬어야 하는 안식일의 계명을 마음으로 지키면 하나님은 백성들 중에 가난한 사람이 없어질 것이라고 말씀하신다. 이것은 완전을 말하는 것이다. 천국을 말하는 것이다. 이 땅이 천국이 될 수 있는 것은 아니지만 그 의미를 이해하고 하나님의 마음을 깨닫고 안식일의 개념을 우리의 삶에 적용해야 하는 것이다.

희년은 정의가 아니라 사랑이다.

희년의 개념을 알아야
이웃사랑이 가능해진다.

희년은 모든 억압과 죄악과 가난으로부터의 자유를 뜻하며, 예수님께서 완전하게 성취하셨다. 이웃들을 소외와 가난에서 해방하기 위해 그리스도의 사랑으로 사랑하는 것이다.

희년을 단지 땅의 개념이나 정의의 개념으로만 보는 것은 바람직하지 않다. 희년은 그리스도인의 이웃사랑의 개념으로 보아야 그 정신이 뚜렷해진다. 백성들은 50년째 되는 해에는 무조건 자유롭게 집과 가족에게로 돌아갈 수 있었다. 희년이 정해진 것은 부유한 사람들이 아니라 남들보다 가난하거나 아프거나 소외되거나 불이익을 당하고 있는 백성들 때문이었다. 자식을 바라보는 부모의 마음이 바로 이웃사랑의 마음이다. 이웃을 자유롭게 해방시켜주기를 원하는 마음이다. 희년은 땅에 대한 해방도 동시에 주신다. 희년에는 농사를 지으면 안 되고 저절로

난 것을 거두어서도 안 된다. 희년은 안식년 다음 해이므로 안식년과 희년 2년 연속으로 농사를 지을 수 없게 된다. 하지만 하나님은 3년 동안 쓰기에 족하도록 소출이 많아지게 하신다고 약속하셨다.

땅의 해방, 육신의 해방은 무엇을 의미하는가? 선민이라 할지라도 일시적으로 자신의 소유를 잃어버린 것을 방치하면 격차는 영구해지고 신분도 정해질 것이요 그것이 고착화될 수밖에 없다. 그래서 하나님은 이웃사랑의 원리에 따라 아예 제도적으로 이웃사랑이 가능하도록 만들어주신 것이었다. 누군가가 소외되거나 가난해질 가능성을 최소화함으로써 이스라엘에는 가난한 사람이 없게 하기를 힘쓰시며 동시에 백성들에게는 이웃을 자기 자신처럼 사랑할 수 있는 기회를 허용하는 것이 희년 개념인 것이다.

> 희년은 성경에서 거의 사라졌지만 희년정신이 사라진 것은 결코 아니었다. 예수님은 일찍이 이 희년이 성취되었음을 선포하셨다. 구약의 육적인 희년은 예수님의 영적인 희년으로 성취되었다. 그것은 영원한 해방과 자유와 회복인 것이다. 우리는 구약의 희년 정신을 따라 이웃을 자기 자신처럼 사랑할 수 있어야 한다.

율법이 말하는 이웃사랑

출발하기

정의나 공평으로 율법을 바라보면 마치 무생물처럼 보이지만 이웃사랑으로 바라보면 갑자기 율법은 생명력을 가지는 것처럼 보인다. 율법은 사랑의 법이다. 물론 기득권자, 율법을 범하는 사람, 거짓을 말하거나 증언하는 사람, 탐욕에 머물러 있는 사람들처럼 하나님과 별 관계없어 보이는 사람들에게는 공평이나 정의의 잣대가 될 것이다. 그러나 소외된 자, 고아와 과부, 가난한 자, 타국인들에게는 율법은 정말 대단한 사랑의 법인 것이다. 그것이 바로 하나님의 마음이다. 거짓으로 이웃을 속이는 자, 이웃의 물건을 탐내는 사에게 이웃사랑의 법은 필요가 없다. 안식일도 안식년도 희년도 전부 이웃을 자기 자신과 같이 사랑하라는 대원칙으로 정해주신 하나님의 사랑의 규칙이었던 것이다. 우리는 그래서 모든 이웃과 세상을 그리스도의 사랑으로 바라보아야 한다.

제6장
고아와 과부를 돌보라.

율법은 하나님 보시기에는 부자나 가난한 사람이나 소외된 사람이나 전부 똑같은 자녀들일 뿐이라는 점을 지속적으로 강조한다. 백성들이 지켜야 하는 것이지만 기본적인 마음가짐은 이웃을 자기 자신처럼 생각하라는 것이었다. 고아, 과부, 거류민, 객, 나그네, 곤란한 자, 궁핍한 자, 가난한 자 등을 자신처럼, 자신의 가족처럼 생각하라는 것이 율법의 기본자세이다. 소외된 사람들을 돌보는 것은 자비나 자선이 아니라 이들의 의무이다. 당연히 도와야 하고 마땅히 감당해야 하는 일들이다. 그리스도인들의 이웃사랑도 이와 똑같다. 하나님은 한 분이시고 하나님의 마음, 뜻은 하나이기 때문이다. 이웃사랑은 율법이나 복음을 구분하지 않고 하나님의 일관된 마음과 뜻을 실천하는 일이다. 차라리 구약의 이웃사랑의 계명을 삶에 적용한다면 그것은 더욱 완전한 이웃사랑이 될 것이다.

이웃을 돕는 일은 의무이다.

이웃에 대한 책임감이
당신의 신앙의식이다.

> 율법에서 고아와 과부를 돌보라는 것은 그들의 마음과 형편을 이해하고 마음으로 함께하라는 말씀이다. 같은 하나님의 백성으로서 형제를 사랑하지 않는 것은 하나님을 믿지 않는 것이다. 그러므로 이웃사랑은 하나님의 백성이라는 증거인 것이다.

여호와의 백성이라면 당연히 어려운 이웃들을 도와야 한다. 궁핍한 사람들을 돕는 일은 하나님의 명령이다. 가난한 사람들을 돕는 일은 상과는 관계없이 의무적으로 행해야 한다. 힘이 있는 가족이 어려운 가족을 돌보는 것이 당연한 것과 같다. 복음서에 나오는 부자청년은 영생을 얻으려면 모든 소유를 팔아 가난한 사람들에게 주라고 하신 말씀을 듣고 근심하면서 돌아가 버린다. 이 때 이 부자의 믿음이나 구제나 하늘에서 쏟아질 보화를 많이 이야기한다. 하지만 더 나아가서 그 혜택을 입을 불특정 다수의 가난한 사람들에게 초점이 맞추어진다면 엄청난 이야기들이 쏟아질 것이다. 우리의 이웃사랑은 이웃의 입장이 되는 것이 첫 단계이다.

율법은 가난하게 된 형제를 동거인으로 대우하라고 가르친다. 가난한 사람들에게 돈을 빌려주더라도 이자 같은 것은 받지 말라고 한다. 형제가 자신에게 몸이 팔려서 왔더라도 이방인들을 종으로 삼듯이 그렇게 종으로 부리지 말라고 말씀하신다. 희년이 되어 자기 소유지로 돌아갈 때까지 종이 아니라 품꾼처럼 대하라고 명령한다. 어려운 이웃들과 함께 즐거워하고 기뻐해야 하는데 이유는 하나님께서 베풀어주신 모든 복에 대해서 함께 즐거워해야 하기 때문이다. 그것은 감사와 직결된다.

> 구약의 이웃사랑은 고아와 과부를 도와주는 것으로 표현되지만, 그 속에서 이웃사랑의 모든 원리를 발견할 수 있다. 신약 성도들은 이것보다 훨씬 더 깊은 이웃사랑이어야 한다. 왜냐하면 예수님께서 친히 사람들을 사랑하시어 고난과 희생으로 우리 죄를 대신하셨기 때문이다. 현대 그리스도인들은 이 예수님의 십자가 사랑을 품고 이웃을 섬겨야 한다.

수확물은 반드시 남겨두라.

이웃사랑은 하나님께 드리는 가장 귀한 헌금이다.

> 구약의 율법에는 아예 삶 자체에 이웃에 대한 배려가 녹아있다. 마치 숨을 쉬어야 살 수 있는 것처럼 구약에서는 형제를 향한 기본적인 사랑이 숨을 쉬고 있는 것이다. 그들의 경제활동 속에 고아와 과부들을 위해 물질을 떼어놓아야 했었다.

추수할 때 곡물을 남겨두고 거두라는 명령은 안식년이나 희년과 같은 이스라엘의 독특한 제도로, 배고픈 이웃들을 내버려두지 말라는 하나님의 마음을 보여주신 것이었다. 성경은 이 명령을 하나님께서 직접 내리신 것으로 분명하게 밝히고 있다. 곡식뿐만 아니라 과일도 똑같은 마음으로 배려해야 한다. 곡식처럼 포도나무나 감람나무를 수확할 때에도 반드시 일부를 남겨두어야 하며, 땅에 떨어진 것을 다시 거두어서는 안 된다. 이것을 아예 법으로 제정해서 백성들이 의무적으로 이웃을 돕도록 하는 것이 구약의 이웃사랑의 정신이다.

현대 사회에서 이것은 일종의 사회적 책임이 아니던가? 가난한 사람들이 더 이상 억압당하지 않고 최소한의 생계를 유지할 수 있도록 만들어주는 탁월한 제도인 것이다. 우리 그리스도인들은 헌금으로만 이웃사랑의 모든 의무를 다하려고 하는가? 아니다. 현대 사회에서도 여전히 가난하고 소외되고 억압받는 사람들이 존재한다. 그렇다면 우리들도 (곡식)이삭기금 같은 것을 만들어야 하지 않겠는가? 모든 기독교인들이 수입의 1%라도 모아서 창구를 만든다면 율법의 생활화가 가능해지지 않겠는가? 율법은 그냥 법이 아니다. 그것은 하나님의 마음이다. 표면적으로 지키는 것만 강조한다고 비판할 때가 많지만 율법은 지키는 것이 아니라 살아가는 것이다.

> 이스라엘의 이웃사랑의 정신 속에는 서로 하나가 되어야 한다는 분명한 목적이 들어있다. 고아나 과부나 나그네나 타국인들을 마치 자기 자신을 사랑하는 것같이 도와주고 배려해 주고 사랑해주는 목적은 하나님 안에서 하나가 되라는 것이다. 왜냐하면 모든 사람은 원래 하나였기 때문이다. 신약 백성으로서 우리는 구약의 이웃사랑의 정신을 실제 삶에 적용할 수 있는 성도들이 되어야 할 것이다.

하나님께 공의이고 백성에게 복이다.

이웃사랑은 공의이다.
반대로 공의가 이웃사랑이다.

> 이웃을 사랑하면 그의 공로 때문이 아니라 하나님께서 공의로 여기시기 때문에 복을 허락하시는 것이다. 공의는 죄를 고치는 것이 아니라 사랑으로 덮는 것이다. 그래서 공동체의 공의를 따르는 것이 이웃사랑이 되는 것이었다.

구약 백성들은 모든 소출의 십일조를 드렸는데 이것은 레위인들의 생활에 사용되도록 했다. 제2의 십일조(축제의 십일조)는 정상적인 십일조 후에 드리는 2차 십일조로, 제사나 절기에 사용되도록 했다. 제2의 십일조 중에서 3년마다 가난한 사람들에게 주었는데 이것을 제3의 십일조(구제의 십일조)라고 부른다. 하나님의 이런 명령을 마음과 행동으로 지키면 복을 내려주신다. 하지만 그 복은 백성들의 순종 때문에만이 아니라 하나님의 정의를 만족시키는 일이기 때문에 주시는 것이다. 하나님께서 고아와 과부에게 베푸시는 정의를 백성들이 따라서 행하면 하나님은 그것을 정의롭게 여기신다. 복 받을 욕심이나 자기를 정의롭게 보이고 싶어서 자선을 베풀면 정의롭게 여기실 수가 없다. 그래서 예수님은 바리새인들의 외식을 강하게 비판하셨던 것이다. 그들은 가장 율법적으로 보이고 싶겠지만 사실은 가장 반율법적인 사람들이었다.

배고픔을 면하기 위해 겉옷을 저당 잡혔다면 해 지기 전에 반드시 돌려주어야 한다. 이자를 받기 위해 가난한 사람에게 돈을 빌려주지 말라고 명한다. 이웃사랑은 하나님의 성품을 만족시키는 일이다. 이웃을 자기 자신처럼 사랑한다면 결코 손해가 아니다. 그럴수록 하나님의 정의를 만족시키는 것이다. 사랑은 허다한 죄까지도 다 덮는 지고한 개념이다. 마음과 뜻과 힘을 다해서 하나님을 사랑하는 것처럼 이웃을 사랑하는 것이 이웃을 자기 자신처럼 사랑하는 것이다.

> 하나님은 우리에게서 하나님의 정의와 공의가 성취되기를 원하신다. 어쩌면 하나님의 정의와 공의라는 개념조차도 무시하는 사람들이 우리 그리스도인들일 수 있다. 하나님의 정의와 공의는 우리 자신을 지키는 것도 포함하지만, 하나님은 이웃을 자기 자신처럼 사랑하는 일을 더 원하신다. 이웃사랑이야말로 하나님의 정의와 공의를 세우는 강력한 수단이다.

행하지 않으면 죄가 된다.

이웃을 외면하면
하나님도 우리를 외면하신다.

> 하나님께서 먼저 우리를 사랑하시고 용서하셨지만, 우리가 다른 사람을 용서하고 사랑하지 않으면 하나님의 사랑은 사라져버린다. 그리스도의 십자가 공로가 아무 효력이 없어지게 된다는 말이다. 이웃사랑이 없으면 오히려 심판을 받는다.

이웃을 자기 자신처럼 사랑하면 하나님의 정의와 공의가 만족된다. 이웃사랑을 행하지 않으면 하나님의 정의와 공의는 성립될 수 없다. 그러면 이웃을 자기 자신처럼 사랑하지 않는 것은 하나님께 죄가 된다. 하나님의 기준은 크고 막대한 것이 아니다. 하나님은 품삯을 며칠이 아니라 몇 시간 미루는 일에 대해서도 죄를 물으신다고 하셨다. 왜냐하면 그것을 당하는 사람들의 간절한 마음을 무시하는 것이기 때문이다. 이웃의 마음을 이해하거나 공감하지 못한다면 그 사람은 이웃을 자기 자신처럼 사랑할 수 없다. 이웃을 무시하는 것은 당하는 사람들의 신음을 통해 하늘에 상달된다. 그것은 이웃에게 죄가 됨과 동시에 하나님께도 죄가 되는 것이다.

이웃을 외면하는 모든 경우에 그 궁핍한 이웃이 하나님께 호소하게 되기 때문에 더욱 죄가 된다고 하신다. 죄의 결과가 무엇인가? 하나님은 고아나 과부를 해롭게 하는 사람에게는 바로 그 고아나 과부처럼 되게 하겠다고 하신다. 성경은 가난한 사람들의 부르짖음을 하나님께서 들으시고 맹렬한 노를 발하신다고 말씀하신다. 이웃을 무시하는 일은 우상숭배만큼이나 하나님을 노하시게 만드는 것이다. 이웃의 품삯을 속이거나 빼앗고 고아와 과부를 무시하고 압제하며 나그네를 억울하게 하는 사람에게도 똑같은 심판이 내려진다.

> 하나님 앞에 경건하고 순종하는 사람은 곧 고아와 과부를 돌보는 사람이다. 주변에서 어려움 당하는 사람들을 보면 남의 일처럼 바라보는 것이 아니라 관심을 가지고 그 사람에게 필요한 것이 무엇일까를 고민하는 사람들이 참 그리스도인들이다. 그런 마음이 없다면 복음을 잘못 받았거나 자기중심적으로 모든 훈련을 받았거나 혹은 단지 복음을 종교적으로만 알고 있기 때문일 것이다.

고아와 과부를 돌보라.

출발하기

　구약의 이웃사랑은, 예수님 이후처럼 자기를 희생하고 이웃을 대신하는 사랑까지는 아니지만, 율법에서 제시하는 이웃사랑의 계명을 삶 속에서 지킬 수 있도록 하는 측면에서는 매우 자세하고 구체적으로 되어 있다. 우리 그리스도인들은 절대로 우리 자신이나 가족이나 동료들만을 위해서 살도록 되어있지 않다. 물론 자신의 삶을 영위해야 하는 것은 맞지만 또 다른 삶의 목적이 바로 이웃을 사랑하는 것이라는 말이다. 이런 의식 없이 자신의 필요에만 반응하는 믿음이라면 하나님의 정의와 공의를 만족시키지 못한다. 우리는 다시 한 번 우리의 신앙생활을 점검해보아야 한다. 그리하여 이웃사랑에서 부족한 부분이 발견된다면 최우선적으로 회복하는 데에 힘을 쏟아야 할 것이다.

제7장
차별하지 말라.

인간들 사이에는 별의별 일이 다 일어난다. 상대방을 위해 목숨을 버리는 일에서부터 상대방의 목숨을 빼앗는 일까지 수많은 모든 일들이 가능하다. 하나님은 사람의 감추어진 속마음을 다 아신다. 하나님의 판단은 사람의 분별과 결코 같을 수 없다. 물론 사람이 하나님을 대하는 것까지 다 파악하고 계신다. 하나님께서 가장 참으실 수 없는 일은 아마도 인간들끼리 차별하는 것이 아닐까 생각된다. 왜냐하면 하나님은 인간끼리 부딪치는 모든 일의 내막을 너무나도 잘 아시기 때문이다. 오직 여호와의 백성들은 여호와 하나님 앞에 서서 살아가는 사람들이다. 참된 이웃사랑은 하나님의 시각에서부터 시작되어야 한다. 단지 고아와 과부를 불쌍히 여기고 도와주는 것이 아니라 이웃사랑의 원리가 어디에서부터 비롯되는가를 알아야 그 당위성이 성립되는 것이다.

재판을 정의롭게 하라.

누군가에게 유리하게 하면 재판을 굽게 하는 것이다.

> 재판을 굽게 하지 말라는 말씀은 재판관들에게만 해당되는 것은 아니다. 성도 개개인도 어떤 결정을 내릴 때 자신이나 누군가에게 유리하도록 한다면 유불리나 편견을 따라 사람을 차별하는 것이다. 모든 결정은 하나님 앞에서 내리는 것이다.

구약에서는 재판을 이웃사랑의 한 가지 줄기로 가르친다. 이웃사랑이란 공동체 안의 사람들끼리 하나가 되기 위한 최소한의 행위인데, 그 안에서 억울한 사람들이 많이 나올수록 하나가 되는 일은 더욱 멀어질 것이기 때문이다. 이스라엘 백성의 재판은 사회의 정의 이전에 하나님의 정의를 세우는 일이었다. 재판은 하나님께 속한 것이기 때문에 그 어떤 차별도 있어서는 안 된다. 분별하기 어려운 일일 때에는 하나님께 물어야 한다고 하셨다. 재판의 결과보다는 한 사람 한 사람의 삶을 우선적으로 배려하시려는 하나님의 뜻인 것이다. 그렇다고 무조건 가난한 사람의 편이 되라는 말씀은 아니다. 가난한 사람들에게 불이익이 되지 않게 하라는 것이지 그들에게 유리하게 재판하라고 하신 것이 아니다.

우리는 정의를 말하기 이전에 먼저 사랑을 말해야 한다. 정의는 심판으로 이어지고 사랑은 용서로 이어지지만 하나님은 이 모순되는 개념을 같은 것으로 판단하신다. 하나님의 정의는 사랑과 용서로 성취될 수 있다. 가난하든 부자이든 이웃은 사랑의 대상이다. 가장 차별을 많이 받을 수 있는 타국인들도 결코 차별하여 판결하지 말라고 강조하신다. 이스라엘의 이웃사랑은 누구를 도와주기 이전에 사람들에 대해서 편견을 가지지 말고 공의의 시선으로 바라보는 일이 우선이다.

> 하나님은 모든 이웃을 공평하게 대하고 사랑하며 하나님 앞에서 똑같은 입장에서 하나가 되기를 원하신다. 당장 가난한 사람을 돕는 일보다 먼저 이런 의식을 가져야 한다. 하나님은 율법 안에서 믿음의 공동체를 이루어가기를 원하셨다. 오늘날 (영적) 이방 나라에 흩어져 살고 있는 그리스도인들도 믿음의 형제들과 하나가 되는 마음가짐을 소유해야 한다. 구약에 더 깊이 강조하는 이웃사랑의 정신, 하나님의 마음을 모든 그리스도인들이 가지고 있어야 한다.

속이거나 학대하지 말라.

이익을 위해 속이거나 학대하면 심각한 차별이다.

> 자기 자신과 같이 이웃을 사랑하는 첫 단계는 이웃의 입장이 되어보는 것이다. 그렇지 못하면 상대의 형편을 이해할 수 없게 되므로 속이거나 학대하는 마음이 생길 수 있다. 그것은 전혀 이웃을 사랑할 수 없게 만든다.

하나님은 이스라엘 백성들뿐 아니라 함께 거하는 타국인과 나그네에게도 동일하게 사랑을 베풀 것을 원하신다. 심지어 거류민을 마치 사기처럼 사랑하라고 명하신다. 거류민을 사랑해야 하는 이유는 이스라엘도 애굽에서 타국인이었었기 때문이다. 상대방의 입장에서 생각하고 돌아보라는 말씀이다. 자신이 어려움을 겪어보지 않으면 다른 사람의 어려움을 모르게 마련이다. 다른 사람의 사정을 모르면 제대로 도와줄 수 없다. 이웃 사랑은 이웃의 사정을 알려고 하는 데에서 출발한다. 잠언에서는 의인의 특징 중 하나를 가난한 자의 사정을 알아주는 것이라고 말한다. 이방인이든 타국인이든 곤궁하고 어려움 당하는 사람들에게는 동일하게 대해주어야 한다.

자기를 미워하는 원수의 소나 양이 길을 잃었다면 어떻게 해야 하겠는가? 반드시 그 원수에게 돌려주어야 한다. 경제적으로도 속이거나 차별을 두고 착취하지 말아야 한다. 일용직 품삯도 결코 미루면 안 된다. 가난한 품꾼의 사정을 알아주라는 것이다. 가난하고 어려운 사람을 속이는 일은 하나님을 속이는 일이다. 사업을 하면서 지나치게 이득을 획득하는 일도 이웃을 속이는 것이다. 우리와 신앙이 다른 이웃들도 여전히 속이면 안 된다. 희년으로 인해 자신에게 발생할지도 모르는 손실을 조금이라도 줄이기 위해 속여서도 안 된다. 그것은 이웃을 미워하고 속이고 압제하고 착취하는 일이 될 것이다.

> 예수 그리스도로 말미암아 구약의 이웃사랑의 개념을 뛰어넘어야 하는데 오히려 그 개념조차도 이해하지 못하고 있는 현대교회가 아쉽다. 구약의 이웃사랑의 원리를 뛰어넘어야 그리스도의 자기희생의 사랑의 개념을 배울 수 있다. 구약에서 배울 이웃사랑의 원리부터라도 실제 삶에서 적용할 수 있는 그리스도인들이 되어야 하겠다.

차별하지 말라.

사람을 차별하지 않는 것이
이웃사랑의 원리이다.

> 차별은 하나님의 공의와 정의의 성품과는 반대되는 마음이다. 하나님은 심지어 하나님을 대적하고 우상을 숭배한 사람들에게조차 햇빛과 비를 거두지 않으신다. 어떤 이유에서이든 차별하는 마음과 태도는 하나님을 기쁘시게 할 수 없다.

아모스는 정의가 물 같이, 공의가 강 같이 흐르는 세상을 바라보았다. 정의는 재판에서의 의로움이고 공의는 가난한 사람들에게 대한 의로움이다. 두 가지 모두 차별 없는 의로움이다. 그것이 구약의 이웃사랑의 본질이다. 예레미야는 정의와 공의를 이스라엘이 지향해야 할 유일한 가치기준이라고 대언하였다. 그 결과가 탈취당하는 자를 건지고 이방인과 고아와 과부를 학대하지 않으며 무죄한 피를 흘리지 않는 것이라고 선포하였다. 정의와 공의는 이웃사랑이며 그것은 차별 없는 세상을 지향한다. 정의와 공의는 딱딱하고 경직된 세상을 가리키는 것 같지만 정의와 공의를 사랑하시는 하나님의 성품은 인자하심이다. 정의와 공의의 개념은 심판의 개념이 아니라 사랑의 개념이다. 사랑에는 차이는 있지만 차별은 없다.

선행을 했을 때 우리의 사랑이 하나님을 감동시키고 우리의 정의와 공의 때문에 복을 주신다고 착각해서는 안 된다. 우리가 정의와 공의를 행해도 결코 우리의 공로가 되는 것은 아니다. 결국 하나님은 차별이 없는 세상을 원하신다. 그것은 정의와 공의를 통해 이루어지는 세상이다. 하나님은 제사에도 마음을 두시지만 정의와 공의로 사람들을 대하는 것을 더 기뻐하신다. 이웃을 사랑하는 사람은 세상에서 정의와 공의를 꿈꾸면서 돌보는 사람이다.

> 구약 백성들은 그리스도를 모르는 사람들이었기 때문에 율법을 규칙 정도로 받아들일 수도 있었을 것이다. 그래서 하나님은 더욱 구체적으로 세세하게 이웃사랑의 틀을 제공하셨다. 그러나 그리스도 이후의 신약 백성들은 이웃사랑이라는 명령 속에 깊이 들어 있는 하나님의 사랑을 깨달아야 한다. 세상에서 자기 자신처럼 이웃을 사랑할 수 있기 위해 구약의 이웃사랑에 대해서 더욱 많이 생각하고 배워야 할 것 같다.

실수한 사람을 용납하라.

실수한 사람을 용납하는 것도
중요한 이웃사랑이다.

> 모든 사람의 입장에 완전히 서는 것은 불가능하지만 누구라도 실수할 가능성이 있는 존재라는 사실을 받아들인다면 상대방의 실수에 관대할 줄 알아야 한다. 이웃사랑은 직접적인 행위 이전에 차별하지 않는 마음으로부터 출발하는 것이다.

일반적으로 신앙생활 가운데에서 지은 죄의 경우에는, 무의식중에 모르고 행한 일임을 전제로 하고, 제사를 지냄으로써 사함을 받도록 되어 있었다. 그것이 속죄제 규정이다. 그러나 실수로 살인한 경우에 재판을 받기 전에 피해자에 의해 죽는 것을 방지하고 정의와 공의가 행해지도록 하기 위해 도피성 법이 제정되었다. 이 역시 이웃사랑의 법에서 벗어나지 않는다. 도피성에 해당되는 경우는 가령 도끼날이 나무에서 빠져서 옆 사람을 죽게 했다든가, 돌이나 물건에 지나가던 사람이 맞아 죽었다든가 하는 예외적인 경우들로 한정시켰다. 이스라엘에는 여섯 군데의 도피성이 설치되는데 거리가 멀어 도피성으로 피하다가 붙잡혀 죽는 일이 없도록 지역을 안배한 것이었다. 도피성 제도도 역시 차별 없이 제공되어야만 했다.

  모든 사람은 언제라도 실수할 가능성이 있는 존재들이다. 하나님은 정의로 심판하시는 분이시다. 하나님은 아무리 사소한 죄라도 반드시 멸하셔야만 정의를 만족시키는 분이시다. 그러나 하나님의 의로우심은 죄의 유무를 칼날처럼 구분해내신다. 똑같이 사람이 죽어도 가해자의 죄가 얼마나 되는지를 하나님은 아신다. 그리고 부지중에 살인한 사람에게는 그 정의의 기준으로는 죄를 묻지 않으신다. 물론 사회법으로는 처벌을 받아야 한다.

> 우리는 다른 사람의 실수에 관대하지 못한 존재들이다. 그러나 그런 마음가짐으로는 자기 자신처럼 이웃을 사랑하는 데까지 도달할 수 없다. 그래도 도피성을 준비해주시는 하나님의 마음 정도는 이해하고 있어야 하지 않겠는가? 예수님의 명령, 네 이웃을 자기 자신처럼 사랑하라는 계명은 하나님의 마음을 이해하고 그 원리를 소화해야 비로소 성령님의 능력으로 실천해볼 수 있게 될 것이다.

차별하지 말라.

출발하기

　물론 완전하게 평등하고 차별 없는 세상은 존재할 수 없다. 그런 곳은 오직 천국밖에는 없기 때문이다. 그러나 하나님은 지상에서도 그런 세상을 지향하여 나갈 것을 원하고 계신다. 그곳이 바로 이스라엘이었다. 하나님의 정의와 공의의 성품으로 보실 때에 가장 이상적인 나라가 바로 그 나라였던 것이다. 그래서 최소한의 경계선인 율법을 주셨던 것이다. 이 율법이 추구하는 가장 최고의 이웃사랑법이 바로 도피성 제도였다. 물론 도피성은 살인이라는 가장 큰 죄에 대한 명령이었지만, 더 큰 의미에서는 실수한 사람을 받아들이는 마음가짐이 이웃사랑의 가장 큰 정신 중의 하나라는 것이다. 이웃을 자기 자신과 같이 사랑해야 하는데 자기가 실수할 가능성을 생각하지 않고 실수한 다른 사람을 비판할 수 있겠는가? 실수한 사람들에 대한 법을 정해주신 것도 중요한 이웃사랑인 것이다.

제8장
이웃사랑의 범위

구약의 이웃사랑의 출발점과 정신 속에 하나님의 마음과 뜻이 담겨있지만, 구약의 이웃과 오늘날의 이웃 사이에는 상당한 차이점이 있다. 구약의 이웃은 이스라엘 안에서의 형제 개념이었지만 오늘날에는 교회 형제 이외의 모든 사람들(불신자)이 전부 이웃이다. 구약에서는 우상을 숭배하는 이방 민족은 이웃이 아니라 오히려 하나님의 대적들로 간주하였고 하나님은 이방나라를 향하여 진멸전쟁의 명을 내리기도 하셨다. 그러면 신약시대에는 하나님을 믿지 않는 불신 이웃들을 어떻게 생각해야 하겠는가? 구약의 율법을 신약의 이웃사랑으로 적용할 수 있을까? 어려운 사람들은 우리가 무조건 돌보아야 할 이웃들인가? 이웃사랑의 대상들에 대한 확실한 개념을 가져야 한다. 그리스도의 사랑으로 이웃을 사랑하기 위해서 어디까지 마음을 열어야 하는지를 알아야 할 것이다.

내가 거룩하니 너희도 거룩하라.

당신이 거룩하지 못하면
복이 아니라 저주이다.

> 하나님께서 아브라함에게 복을 주신 까닭은 그로 말미암아 모든 족속들이 복을 받게 하기 위함이었다. 믿음으로 거룩해지지 않으면 복의 근원이 될 수 없다. 하나님은 이스라엘이 거룩해지도록 율법을 주셨다. 율법은 거룩성을 지키기 위한 최소한의 명령이었다.

하나님께서 아브라함의 편이 되어 복과 저주를 내리겠다고 하신 다음에 '모든 족속'이 아브라함으로 말미암아 복을 얻을 것이라고 하셨다. 목적은 '모든 족속'에 있다. 아브라함의 편이 되어주시는 것은 과정이요 수단이다. 하나님은 세상에 구원을 펼쳐 가시기 전에 아브라함의 믿음을 키우셨다. 소중한 아들의 목숨이라도 하나님께 완전히 맡길 수 있는 신뢰가 생길 때까지 기다리셨다. 아브라함이 거룩하지 못하면 결코 인류구원은 일어날 수 없기 때문이다. 그런데 이스라엘 민족형성 후 출애굽 이후에 하나님은 이방인을 사랑의 대상이 아니라 척결과 진멸의 대상으로 삼으셨다. 그것은 이방국가들이 여호와 신앙을 무너뜨리려고 하기 때문이었다. 출애굽 백성들을 향하신 하나님의 마음과 뜻은 민족의 거룩성이다.

하나님은 우상을 섬기는 사람들을 진멸하라고 하셨다. 때로는 이스라엘 백성들일지라도 우상을 섬기는 사람들을 수천 명, 수만 명을 아까워하지 않고 멸하게 하셨다. 하나님은 영적인 거룩에 모든 것을 거신 분이다. 그리고 삶 속에서의 윤리도덕적인 거룩도 너무나도 중요하다. 거룩하지 못하면 세상을 바꿀 수 없다. 그래서 하나님은 이웃사랑을 강조하시면서도 공동체의 거룩성을 해칠 우려가 있는 모든 요소들을 철저하게 제거하기를 원하셨던 것이다.

> 구약의 이웃과 오늘날의 이웃은 분명히 대상이 다르다. 그렇다고 구약의 이웃사랑의 개념이 모자라거나 약한 것이 결코 아니다. 교회는 거룩해야 한다. 지금 그것이 무너져 있다. 세상이 교회를 얕잡아 보고 있다. 거룩하지 못하기 때문이다. 어떻게 교회가 거룩성을 지켜나갈 수 있을지를 생각하면서, 구약의 이웃사랑으로부터 교훈과 지혜를 얻어야 할 것이다.

우상숭배한 사람은 반드시 죽이라.

거룩함이 빠진 이웃사랑은
자기과시일 뿐이다.

> 율법은 반드시 우상숭배와 직접적인 관련이 있다. 거룩함을 방해하는 가장 강한 세력이 우상숭배이다. 이방인이란 우상 숭배하는 족속이라는 말이다. 우상숭배의 죄를 제거하기 위해 우상 숭배자를 죽음으로 심판하게 하셨던 것이다.

이방인을 적대시하는 것은 그들이 여호와 신앙을 변개시키려고 하기 때문이다. 하나님은 이방인의 풍속을 따르지 말라고 강조하신다. 그 풍속에 우상숭배의 모든 요소가 다 들어있기 때문이다. 하나님은 우상 숭배자를 사형시킬 때 반드시 이웃들에게 그 일을 맡기신다. 우상숭배의 심각성을 실제로 체험하고, 공동체의 하나 됨을 기억하며, 우상숭배에 대한 경각심을 불러일으키기 위해서이다. 만약에 그 이웃들이 응징하지 않으면 그 이웃들도 죽여야만 했다. 모세가 십계명 돌판을 받아 내려올 때 산

아래에서 금송아지를 만들어 섬기던 사람들 3,000명을 형제나 주변 친구들에게 죽이게 하고 그것을 여호와께 헌신했다고 했고 하나님께 속죄한 것이라고 했다(출 32:29-30). 여호와 하나님을 대적한 사람들은 이웃이 아니다.

이스라엘의 율법은 여호와 신앙을 훼손하고 거룩성을 더럽히며 하나님의 사랑이 사라진 공허한 공동체가 되는 것을 금지하는 법이다. 아무리 이웃과 친해도 그들이 무당이나 박수가 되면 반드시 돌로 쳐서 죽여야 했고, 하나님을 저주하거나 여호와의 이름을 모욕하는 사람도 반드시 돌로 쳐서 죽여야만 했다. 그래서 이스라엘은 극단적으로 배타적인 공동체가 될 수밖에 없었던 것이다. 그것이 무너지면 이스라엘도 무너지고 사람들에게 하나님도 잊히게 된다.

> 오늘날 이웃사랑 이전에 먼저 교회의 거룩성을 지켜야 한다. 교회의 거룩성으로 이웃을 사랑하는 것이지 이웃을 사랑하기 위해서 교회의 거룩성을 포기하라는 말이 아니다. 교회가 거룩성을 유지하지 못한다면 아무리 주민들을 열심히 사랑하고 섬겨도 그냥 부흥하기 위해서라고 인식할 뿐이다. 부흥하기 전에 거룩성을 유지하는 데에 더 힘을 쏟아야 한다. 커지면 거룩성을 유지하기가 더 힘들어지기 때문이다.

율법을 범하는 사람은 죽이라.

거룩함을 훼방하는 그 어떤 것도 우상숭배이다.

> 율법을 범하는 것도 우상숭배의 일종이다. 하나님 이외의 것을 숭배하는 것이기 때문이다. 이스라엘은 율법을 범한 자를 이웃이나 형제가 죽이도록 하여 공동책임으로 돌렸다. 이스라엘은 거룩함을 버리면 하나님과 관계없는 이방 민족이 될 뿐이다.

율법은 십계명에 반하는 행동을 한 사람에게도 죽음으로 책임을 묻는다. 신앙에 관계되는 것뿐 아니다. 살인한 사람은 물론이고, 부모에게 불경한 사람이나 남의 것을 도둑질한 사람이나 거짓말한 사람까지도 죄의 경중에 따라 죽음으로 죄를 벌한다는 것이다. 그 이유를 성경은 온 이스라엘이 듣고 두려워하게 함으로써 이스라엘의 거룩성을 지키게 하기 위함이라고 말씀하고 있다. 율법은 공동체의 순수성과 거룩성을 유지하고 여호와 신앙으로 하나 될 수 있게 하기 위한 최소한의 원칙이다. 단지 권선징악의 차원이 아니다. 하나님과 백성들, 백성과 백성들이 하나가 되어야 하기 때문이다.

  예수님은 이것을 확대하여 악을 악으로 갚지 말고 선으로 갚을 것을 말씀하셨다. 율법과 복음의 차이가 바로 여기에 있다. 교회의 거룩성은 반드시 지켜져야 한다. 구약에서는 죽음으로 순수성을 지켜야 했지만 교회에서는 용서와 사랑으로 거룩성을 지켜야 한다. 징계와 치리를 없애라는 말이 아니라 원수도 사랑하는 원리로 치리하고 징계해야 해당자도 받아들인다는 말이다. 십자가에 달리시기 전, 예수님의 기도내용이 무엇이었는가? 제자들의 하나 됨이었다. 제자들이 하나가 되어 신앙공동체를 만드는 일 역시 진리로 거룩하게 됨으로써만 가능하다. 거룩하지 못한 교회는 교회의 기능을 감당할 수 없다.

> 율법을 객관적으로 생각하면 아무런 유익도 줄 수 없다. 우리는 율법 속으로 들어가야 한다. 그리고 그 속에서 어떻게 교회의 거룩성을 지켜나갈 수 있을지에 대한 해답을 얻어야 한다. 율법대로 가능한 일은 아니다. 하지만 교회의 거룩성을 지켜내려는 간절함을 배워야 한다. 하나님께서 지혜를 주심으로써 우리는 교회를 교회되게 할 수 있을 것이다.

죄와 악을 제하라.

세속에서 구별하는 것에서
이웃사랑이 시작된다.

> 우상을 비롯한 죄와 악은 작은 것이 침투해 와도 공동체 전체를 무너뜨릴 수 있다. 그래서 죄를 죽음으로 해결하게 하셨던 것이다. 신약교회와 성도들도 윤리적, 영적, 경제적 거룩함을 지킬 때에 이웃사랑을 통해 하나님의 사랑이 전파되는 것이다.

하나님께서는 율법을 범한 사람들을 죽이라고 하신 목적을 여러 번 밝혀주셨다. 그것은 죄와 악을 무리 가운데에서 제하기 위한 것이었다. 하나님은 제사장의 직무를 거룩하게 구별하심으로써 하나님을 대리하는 레위인들에게 거룩한 권한을 주셨다. 제사장이 거룩한 직무를 수행하고 있을 때 일반인이 접근하면 죽이게 했다. 그 이유는 공동체의 거룩성 때문이다. 죄로 가득한 세상에서 순수성을 지키려면 지나칠 정도로 엄격하게 하지 않으면 안 된다. 흰 천에 한 점 오물이 묻으면 전체가 더러워지는 것과 같아지는 원리이다. 여호수아가 작은 아이성 점령에 실패한 것은 딱 한 사람이 저지른 죄 때문이었다. 아간이 외투 한 벌과 50세겔짜리 금덩이를 자기 장막에 감추었기 때문이었다. 사람들은 사소하게 여기지만 하나님이 보시기에는 너무나도 큰 죄였다.

율법을 범한 사람을 죽이는 것은 이스라엘에서 죄와 악을 근원부터 제거해야 하기 때문이었다. 하나님은 수도 없이 너희 중에서 악을 제하라고 명령하셨다. 심지어 범인을 밝혀내지 못해도 미제 사건으로 남겨두는 것이 아니라 사건이 일어난 데에서 가장 가까운 성의 사람들이 암송아지를 하나 취하여 거룩한 제사를 드려야만 했다. 출처를 알 수 없는 죄라도 하나님께는 다 동일한 죄일 뿐이다. 왜 하나님은 율법을 위반한 자들에게 죽음이라는 형벌을 내리시는가? 작은 죄나 악이 공동체 전체를 흐려지게 만들기 때문이다. 죄와 악을 제하면 비로소 하나님께서 기적의 역사를 일으키시는 것이다.

> 오늘날에도 기도하기 전에 먼저 우리 가운데에서 죄와 악을 제해야 한다. 이웃사랑은 교회가 정결하고 거룩성을 유지할 때 하나님께 영광이 된다. 하나님께 영광이 되지 않는 이웃사랑은 자기자랑일 뿐이다.

이웃사랑의 범위

출발하기

　현대교회도 성령 하나님께서 간섭하시는 교회이다. 구약에서는 율법을 범한 사람들을 제거함으로써 악을 제하게 하셨다. 현대교회에서 악을 제하는 방법은 무엇인가? 물론 징계와 치리가 살아있어 하나님의 뜻이 분명하게 드러나고 거기에 순복해야 한다. 그러나 최종적으로는 그리스도의 사랑에 의지해야 한다. 그리스도의 사랑은 십자가 보혈로 나타난다. 하나님의 법을 범한 사람이 십자가에서 죽어야 하고, 우상 숭배하던 사람이 십자가에서 죽어야 하며, 온갖 세상 욕심과 물질을 따라가던 사람도 십자가에서 죽어야 한다. 교회도 마땅히 죄와 악이 제거되고 순수성과 거룩성이 지켜져야 한다. 그럴 때 참다운 이웃사랑을 통해 하나님의 거룩하심이 전파될 수 있다. 십자가 보혈로 거룩해진 교회를 통하여 하나님의 구원계획은 차근차근 성취되어갈 것이다.

제3부

•

자기 자신처럼 사랑하기

제9장
먼저 형제를 사랑하라.

예수님은 모든 것을 버리고 주를 따르라고 하셨는데, 그 실천적인 의미는 무엇인가? 우리는 자기 자신처럼 이웃을 사랑하라는 예수님의 말씀의 본질적인 의미를 먼저 배워야 한다. 우리는 말씀대로 실천할 수 있는 방향성을 가져야 한다. 말씀은 실천하라고 주신 것이지 타협하라고 주신 것이 아니다. 실천하지 않으려면 말씀을 왜 배우는가? 그런데 신앙이 성장했을 때에도 자기중심적이라면 하나님의 일을 감당할 수 없다. 어떻게 하면 성장할 수 있는가? 한마디로 이웃사랑이다. 신앙은 하나님사랑과 이웃사랑이다. 이웃사랑이 아니면 하나님을 사랑할 수 없다. 하지만 교회 밖의 이웃을 사랑하기 전에 교회가 하나님의 정의가 흐르는 거룩한 곳이어야만 한다. 율법을 주신 하나님은 오늘 우리에게도 그것을 요구하신다.

누가 형제인가?

교회의 거룩성은
당신의 형제사랑으로 지켜진다.

예수님이 오신 후, 엄격한 율법이 아니라 그리스도의 사랑으로 형제를 사랑함으로써만이 교회의 거룩함은 성취된다. 치리나 징계가 아니라 용서와 사랑으로 깨끗해지는 것이다.

구약의 이웃사랑은 신앙공동체 이스라엘의 순수성을 지키기 위한 최소한의 조치였다. 순수성과 거룩성을 지키는 것이 구약의 이웃사랑의 방향이었다. 그러나 구약 이스라엘은 그 사명을 잃어버려 멸망당했고, 더 완전한 나라를 위해 그리스도께서 오셔서 이웃사랑을 완성하셨다. 이제 이스라엘의 거룩성은 교회의 거룩성으로 성취되어야 한다. 신약공동체는 구약적인 엄격함으로는 유지될 수 없다. 이미 그리스도의 보혈로 모든 죄를 용서받는 길이 열렸기 때문이다. 성경은 먼저 이웃이 아니라 형제를 사랑하라고 가르친다. 형제사랑으로 교회 공동체의 거룩성을 지키지 못한다면 그것은 교회 안에 가두어진 진리일 뿐이다.

교회공동체가 거룩해지고 하나가 되어야 한다는 말은 세상을 향한 이웃사랑의 준비를 철저하게 하라는 뜻이다. 이웃사랑의 수원지가 되라는 말이다. 우리는 세상을 향한 이웃사랑을 위해 먼저 형제를 자기 자신처럼 사랑할 수 있어야 한다. 형제사랑이든 이웃사랑이든 원리와 핵심은 똑같다. 오늘날 믿지 않는 이웃에게는 열심히 나누고 섬기면서 교회 안에 이웃, 어려운 교회에는 관심조차 없는 경우가 많다. 성도들은 전부 형제들이고 교회도 형제들이다. 작은 교회도 큰 교회도 전부 형제들이다. 한 지역의 교회들은 친형제와 같아야 한다. 형제를 사랑하지 못한다면 전도도 섬김도 별 소용이 없어진다.

> 모든 성도들은 다 한 형제요 모든 교회도 같은 형제요 목회자들도 다 형제들이다. 하나님의 뜻대로 하는 사람들이 예수님의 어머니요 동생들이요 형제들이라고 친히 말씀하셨다. 이런 개념을 가지고 있어야 그 다음에 형제를 어떻게 대해야 하는 것인지에 대한 이야기로 나아갈 수가 있다. 형제를 사랑하는 것이 이웃사랑의 출발점이고, 이웃을 사랑하는 것이 하나님을 사랑하는 것이다.

용서하고 비판하지 말라.

당신이 형제를 깔보면 하나님은 당신을 외면하신다.

형제를 용서하고 비판하지 않는 전제는 우리가 용서를 받았다는 것이다. 형제를 용서하지 못한다면 당신이 하나님이 되는 것이다. 용서하지 못하면 죄악은 무한 반복될 뿐이다.

결코 용서받을 수 없는 나의 죄를 위해 십자가에서 온갖 고통과 모욕을 견디신 예수 그리스도 안에 깊이 들어갈수록 우리는 남을 용서하기가 더 쉬워진다. 용서는 그리스도인들의 특징이며 이웃을 사랑한다는 가장 큰 증거이다. 사랑하면 용서하게 되어 있다. 구약에서는 죽음으로 악을 제거함으로써 거룩함과 순수함을 지켜냈다면 신약에서는 용서로써 악을 제거하고 거룩성을 지키도록 하셨다. 심판으로 모든 죄를 없앨 수는 없지만 용서로서는 가능하다. 예수님은 일곱 번씩 일흔 번이라도 용서하라고 하셨다. 그것은 무한용서이다. 그것은 형제를 자기 자신처럼 사랑하라는 말씀으로 이해된다. 예수님께서 주신 구원은 생명을 바쳐서 지켜야 하는 진리이다. 그렇다면 형제를 미워하는 것은 살인하는 것과 같고 그 속에 영생이 없다는 말이 된다. 사도 요한은 형제사랑이란 형제를 위해 목숨까지 버리는 것이라고 가르친다.

형제를 자기 자신처럼 사랑한다면 형제를 비판할 수 있을까? 형제를 용서하지 못하고 비판하는 것은 상대방의 입장에 서지 못하기 때문이다. 우리가 형제의 허물을 잘 발견하는 까닭은 우리가 형제보다 더 큰 허물을 가지고 있기 때문이다. 형제를 비판하는 사람은 하나님의 말씀을 비판하는 사람이고 그 사람은 하나님을 비판하는 사람이다. 한 마디로 하면 스스로가 재판관이 된다는 것을 의미한다. 형제를 비판한다는 말은 형제를 업신여긴다는 말이다. 예수님은 우리의 형제를 위해 목숨을 버리셨다. 어떻게 형제를 업신여길 수 있는가?

> 우리는 형제를 배려해야 한다. 사랑하고 용서한다면 형제의 입장에서 형제를 생각해야 한다. 형제사랑은 순전히 형제의 입장에서 우리가 할 수 있는 일을 찾는 것이다. 자신을 위해서는 하지 않을 일도 형제를 위해서는 기꺼이 감당하는 것이 형제사랑이다. 그렇게 허물을 비판하지 않고 용서하고 사랑함으로써 신앙공동체의 죄와 악은 제거되어 가는 것이다.

적극적인 형제사랑
모든 형제의 장점을 모른다면 형제사랑이 아니다.

> 형제사랑은 적극적이어야 한다. 적극적인 형제사랑은 자기를 낮추고 형제를 높이고 작은 일에 힘쓰며 소외된 형제를 배려하며 형제가 죄를 지으면 돌이키도록 애쓰는 것이다.

형제를 사랑하여 비판하고자 하는 마음이 사라졌다면, 그 다음 단계는 형제를 높이는 것이다. 용서했다고 하면서 형제를 깔볼 수는 없다. 우리는 먼저 자신을 낮출 줄 알아야 한다. 자신을 낮추지 않고 형제를 높일 수 있는 방법이 있는가? 어린아이가 어른을 돕는 것이 아니라 어른이 어린아이를 돕는다. 교회 안에서 스스로를 낮추고 상대방을 높여주는 분위기가 조성되지 않으면 교회가 아름다워질 수 없다. 우리의 겸손과 낮춤은 그 형제에게만 해당되는 것이 아니라 주님 앞에서 하는 것이다. 용서와 인정이 형제사랑의 뿌리라면 자기보다 형제를 낮게 여기는 겸손한 마음은 마치 식물의 줄기와 같은 것이다.

구체적으로 어떻게 형제를 사랑할 것인가? 우선 작은 일에 마음을 다해 힘을 쏟는 것이 실체적인 일이 된다. 형제를 사랑하되 형제에게 늘 관심을 가지고 형편이나 마음을 살피고 배려해준다면 형제가 시험당할 만한 일을 발견하게 되고 조심할 수 있게 된다. 바울은 형제가 고기나 포도주로 마음에 거리낌이 생긴다면 평생 동안 고기도 포도주도 마시지 않겠다고 했다. 그러나 진리를 훼손하는 일이나 죄를 짓고도 회개하지 않을 경우는 용서할 수 있는 범위를 넘어가게 된다. 그래서 교회에서는 형제들이 죄를 돌이키도록 단계적으로 권면해야 한다. 적극적인 형제사랑에는 죄를 돌이키게 할 책임도 있다. 그것은 그의 영혼을 위해서이다. 진정한 의미의 형제사랑은 형제의 영혼사랑이다.

> 형제사랑의 방식을 보여주는 것은 교회공동체를 세워가는 과정을 통해 이웃사랑의 통로가 되게 하기 위함이다. 교회가 거룩하지 않고는 이방인들에게 본을 보여줄 수 없다. 교회가 사랑의 공동체가 되지 않고 이웃을 사랑으로 끌어들일 수는 없다. 끌어들이더라도 온전한 복음이 아니라 그릇된 신앙이 생기게 할 수도 있는 것이다.

형제사랑은 서로사랑이다.

먼저 사랑할 수 있다면
당신의 영혼은 깨끗한 것이다.

> 형제사랑은 서로사랑이 되어야 하는데 그것은 먼저사랑으로부터 출발하고 본을 보여주며 사랑으로 바라보고 먼저 섬기는 것을 뜻한다. 최종적으로는 영혼이 깨끗해지는 것이다.

교회공동체 내에서는 일방적인 사랑이 아니라 서로 화답하는 사랑으로 넘쳐야 한다. 물이 끓지 않으면 음식물을 익힐 수 없는 것처럼 서로사랑으로 뜨거워져야 한다. 또한 물이 끓어야 살균이 가능한 것처럼 서로사랑으로 교회의 거룩성을 지킬 수 있는 것이다. 형제사랑의 키워드는 '먼저'이다. 우리는 공동체 내에서 다른 형제들을 사랑하고 배려하고 존경하기를 먼저 하는 사람들이다. 먼저 손을 내민다는 뜻은 영적으로 더 건강하고 영적인 시야가 더 성장해있는 사람이라는 뜻이다. 먼저 깨달은 사람이 먼저 사랑하는 것이다. 우리도 그리스도께서 먼저 사랑하지 않으셨다면 그리스도를 결코 발견할 수 없었을 것이다. 우리가 먼저 형제를 사랑하지 않고 형제가 먼저 반응해오기를 기다린다면 형제사랑은 이루어질 수 없다.

예수님은 형제사랑의 본을 보여주셨는데, 그것은 일체 오래 참으심이었다. 형제사랑은 좀 더 자란 형제가 덜 자란 형제를 먼저 사랑하고 일체의 참음으로써 본을 보이는 것이다. 형제의 허물이 자기 눈에 비친다면 얼른 회개해야 한다. 왜냐하면 그는 신앙이 어릴 뿐 아니라 잘못된 사람일 수 있기 때문이다. 그런 사람은 먼저 자기 눈 속의 들보를 빼어내야 한다. 예수님은 예물과 예배보다 형제사랑이 먼저라고 하셨다. 형제와 다툼을 일으키면서 거룩한 예배가 성립될 수 없다. 자칫 가인의 제사가 될 수 있다. 바울은 서로 종노릇하라는 말로 강하게 권면한다. 무엇 때문에 형제끼리 서로 종노릇하겠는가? 그것은 적극적인 사랑의 표현이다.

> 형제사랑은 믿음이 자라야 성숙해지는 것이 현실이다. 그리고 형제사랑은 서로의 영혼이 깨끗할 때 진정으로 이루어질 수 있다. 그것은 욕심이나 이기심이나 본능을 이겨낼 수 있다는 뜻이다. 형제사랑의 개념을 확신하며 나아가야 교회는 복음을 순수하게 지킬 수 있다. 그렇게 될 때 이웃사랑은 자기 자신을 사랑하는 것처럼 아름답게 세상에 펼쳐질 것이다.

형제 속의 마귀에 대하여
언제라도 마귀가 당신을 침범할 수 있음을 인정하라.

> 일시적인 감정이 교회가 분열되게 만들지만 많은 경우에 마귀의 미혹이 공동체를 무너뜨린다. 결론이 내려지면 단호하게 분리해야 하지만 누구라도 마귀의 쓰임 받을 가능성이 있다.

교회의 하나 됨을 훼방하는 현상이 있다. 형제간에 지나치게 뭉치면 걸림돌이 될 수도 있다. 암세포는 엄청난 결집력을 가지고 뭉친다. 육체의 죽음은 몸 전체가 병들어서가 아니라 어느 한 부분의 질병으로 인해서 일어난다. 형제간의 서로사랑은 필수적이지만 지나치지 않도록 조심해야 한다. 근원적으로는 마귀가 그리스도인들의 감정의 상처나 인간관계의 틈을 파고 들어와 성도를 무너뜨리고 공동체에 퍼뜨림으로써 교회가 하나 되지 못하게 훼방하는 것이다. 또한 거짓된 진리를 가지고 몰래 들어와서 성도들을 미혹하는 경우도 많다. 이 거짓 형제를 분별하기 어렵지만 그 행실과 열매를 보고 알 수 있다. 그들은 형제사랑을 깨고 교회의 거룩성을 깨는 존재들이다. 형제사랑이 깨지면 이웃사랑의 통로가 될 수 없다.

예수님은 그런 세력들을 '가라지'라고 말씀하신 적이 있는데, 가라지의 주인공은 마귀이다. 교회공동체는 끊임없이 마귀의 공격을 받는다. 마귀는 또한 심령밭에 떨어진 복음의 씨를 없애는 일에도 혈안이 되어 있다. 이런 무리들의 가장 핵심적인 공통점은 그리스도를 부인한다는 것이다. 형제를 사랑하지 않고 미워하는 성도는 그리스도의 신성을 부인하는 사람과 같다. 자기 욕심에 이끌려 마귀의 앞잡이 같은 역할을 하는 사람들도 자주 볼 수 있다. 마귀는 바로 이런 사람들을 미혹한다. 마귀는 정면에서 공격하는 것이 아니라 거짓과 속임수와 유혹을 수단으로 하여 중심에서 떨어진 성도들을 겨냥한다.

> 교회는 수시로 거룩성을 유지하도록 해야 한다. 항상 경계하고 형제사랑을 점검하면서 깨어 기도하며 문제를 해결해야 한다. 연약하거나 깨닫지 못하는 형제는 용서와 사랑과 배려와 가르침으로 형제사랑의 본질을 보여주어야 하지만, 마귀의 궤계로 인한 거짓 선지자나 거짓 형제로 판단되면 당장 공동체에서 함께하지 못하도록 해야 한다.

먼저 형제를 사랑하라.

출발하기

　많은 경우에 형제사랑의 중요성에 대해 잘 모르거나 관심을 가지지 못함으로 말미암아 성도들 간에 분란이 생기고 교회가 나누어지고 있다. 우리는 이웃사랑의 출발점이 바로 구약의 형제사랑이라는 점을 생각해야 한다. 이스라엘이 그토록 이방나라를 경계하고 민족 안에서 우상숭배와 율법을 침범한 사람들을 징계한 이유가 무엇이었는가? 하나님의 나라 이스라엘이 거룩하고 순수한 신앙을 지켜내게 하기 위해서가 아닌가? 왜냐하면 아브라함의 자손들이 모든 족속들에게 복이 되어야 하기 때문이다. 마찬가지로 형제사랑으로 온전해져야 교회의 거룩을 지킬 수 있을 뿐만 아니라 그 형제사랑의 힘으로 하나님을 모르는 이웃들에게 진정한 사랑을 전달할 수 있는 것이다. 그래서 한편으로는 자기 자신처럼 형제를 사랑해야 하고 또 다른 한편으로는 그것을 훼방하는 마귀의 모든 궤계를 이겨낼 수 있어야 하는 것이다.

제10장
이웃이 되라.

이웃사랑이란 하나님의 무한하신 사랑과 예수님의 목숨을 버리는 희생적인 사랑의 풍성함에서 기인되며, 그리스도의 희생적인 사랑이 교회와 성도들을 통해 세상으로 흘러들어 가는 것이라는 전체적인 의미에서 행해지는 것이다. 돕는 일 이전에 그리스도의 사랑으로 무장한 상태에서 마음으로부터 그들을 사랑할 수 있어야 하는 것이다. 이웃사랑의 문제는 하나님께서 어떻게 받으시는가의 문제로 확대되어야 한다. 왜냐하면 그리스도의 사랑 없이 자신의 의나 공로에 기인하는 나눔이나 섬김이 얼마든지 가능하며, 그렇게 되면 그 이웃사랑은 단지 인본적인 자선행위에 불과할 수 있기 때문이다. 만약에 하나님께서 전혀 인정하지 않으신다면 얼마나 허무하겠는가? 그래서 이웃사랑은 단지 돕는 차원에서가 아니라 우리가 스스로 그 이웃이 되는 차원에서 행해져야 하는 것이다.

내 이웃이 누구입니까?
당신이 이웃이 되려고 하면
사랑할 이웃이 나타난다.

> 누가 우리의 이웃인가 하는 질문에 대해 예수님은 이웃에게 어떻게 해야 할지를 설명하심으로써 이웃사랑이 추상적인 것이 아니라 지극히 현실적인 것임을 말씀해주셨다.

어떤 사마리아 사람의 예화는 한 율법 교사의 질문에서부터 시작된다. "누가 우리의 이웃입니까?"라는 질문이지만 사실 이 질문은 자기를 의롭게 보이고 인정받으려는 이론적인 질문일 뿐이었다. 이 율법 교사처럼 수박겉핥기식으로 말씀의 외적인 모습에만 신경을 쓴다면 거기에는 그리스도의 사랑의 통로로서의 이웃사랑은 존재할 수 없다. 예수님의 대답은 강도를 만나 돈을 다 빼앗기고 얻어맞아서 거반 죽을 정도로까지 상처를 입은 한 사람이 바로 우리의 이웃이라는 말씀이었다. 고난당하고 어려움당하는 주변의 사람이라면 누구나 우리의 이웃이 된다는 말씀인 것이다. 예수님의 말씀은 거기에서 그치는 것이 아니라 오히려 우리가 이웃에게 어떻게 해야 할 것인지에 대해서 이방인보다 더 멸시받는 한 사마리아 사람을 등장시키신다.

그런데 예수님은 제사장과 레위인을 먼저 언급하셨다. 여호와의 율법, 곧 이웃을 자기 자신처럼 사랑하라는 하나님의 말씀을 행해야 할 이 성직자들은 율법을 무시하고 강도 만나서 죽어가는 사람을 피해서 지나가버린다. 시신을 만지지 말라는 또 다른 율법에 순종한 것일 수도 있지만 이들은 죽음을 확인하지도 않았다. 하지만 그 사마리아 사람은 시신과도 같은 사람을 확인해보고 기름과 포도주를 상처에 붓고 싸매고 숙소로 데리고 가서 돌보아주었다. 그리고 상처가 다 나을 때까지 주막 주인에게 비용을 대주면서 돌보아달라고 요청했고, 비용이 더 들면 돌아오는 길에 다 갚겠다고 했다.

예수님은 마지막 질문을 하신다. "우리 이웃이 누구입니까?"라는 질문에 대한 대답 대신 오히려 "누가 강도 만난 자의 이웃이 되겠느냐?"라는 질문으로 대치하심으로써 참된 이웃사랑의 정의와 실천요강까지 제시하셨다. 진리는 관념적으로 구원의 길을 제시하는 것이 아니다. 참된 믿음은 그 믿음의 실체화가 이루어지기 전까지는 아직 믿음이 아니다.

이웃이 된다는 의미

이웃이 되는 것은
이웃과 동일시가 되는 것이다.

> 예수님은 우리가 되셔서 희생당하셨다. 우리가 예수님처럼 이웃을 불쌍히 여기고 끝까지 사랑해야 하며 베풀 때 그들이 되는 것이 아니라 그리스도의 사랑을 줄 때 그들이 되어주는 동일시가 이루어지는 것이다.

이웃사랑의 본질을 생각한다면 그리스도인의 이웃사랑은 이웃의 입장을 생각하는 것이 아니라 아예 그 이웃이 되어버리는 것으로부터 시작된다. 이웃을 자기 자신과 같이 사랑한다는 것은 아예 그 사람이 되는 경우가 아니면 불가능에 가깝기 때문이다. 이웃을 자기 몸처럼 사랑하기는 어렵지만 만약에 그 사람이 된다는 생각을 하면 그 때부터는 그 사람을 돕는 것이 아니라 내가 나 자신을 돕게 되는 것이다. 그러면 아무리 어려운 일이라도 내가 내 일을 하는 것이며, 그렇게 될 때 우리의 이웃사랑은 진정성을 인정받게 되는 것이다. 물론 우리의 근거는 주 예수 그리스도이시다. 이웃사랑은 우선 상대방을 향한 긍휼의 마음, 불쌍히 여기는 마음에서 시작된다. 예수님도 백성들이 방황하거나 힘들어할 때에 불쌍히 여기셨다.

  이 비유 속에는 이웃사랑의 원형이 고스란히 들어 있다. 예수님께서 이 비유의 말씀으로 이웃을 자기 자신과 같이 사랑하라는 말씀의 실체적 현상을 제시하시는 것이다. 그 사마리아 사람은 예수님께서 바라시는 그런 마음으로 다친 사람을 마치 자기 자신처럼 돌보아주었다. 오늘날에도 예수님은 이 사마리아 사람처럼 행동하라고 명하신다. 이웃에게 무엇을 나눈다거나 섬길 때, 가장 가지기 쉬운 태도는 내가 이웃에게 무엇인가를 베푼다는 생각이다. 내가 가진 것을 나누는 것이 아니라 하나님께서 내게 허락하신 것을 하나님의 뜻을 따라 전달해주는 것이 이웃사랑이다.

> 이웃을 자기 자신처럼 사랑하라는 성경 말씀은 순수한 의미에서 이웃의 입장이 되라는 말보다 더 깊은 의미가 들어 있다. 하나님께서 우리에게 허락해주시는 사람을 만난다면 적어도 그 한 사람에 대해서는 바로 그 사람이 되어서 섬기는 것이라는 말은 맞는 말이다. 그것은 바로 자기 자신을 돕는 것이어야 한다는 말이다.

마음으로 사랑하라.

누군가를 차별하여 미워하면 이웃사랑은 불가능하다.

> 모든 사람들에게 똑같을 수는 없지만 모든 사람을 위해 예수님이 죽으셨다는 사실을 믿는다면 우리는 모든 사람에게 우리의 마음을 쏟을 수 있어야 한다. 마음이 빠지면 사랑이 아니다. 이웃사랑은 차별을 두면 그 의미가 퇴색된다.

사도 바울의 말처럼 모든 것으로 구제하고 몸을 불사르게 내어줄지라도 사랑이 없다면 아무 것도 아니다. 아무리 위대하고 희생적인 이웃사랑이라도 그리스도의 사랑이 들어있지 않다면 섬기는 사람에게 아무런 유익이 없다. 그 희생의 가치는 변함이 없지만 그 사람의 마음가짐에 따라 위대한 일이 될 수도 있고 자기 의가 될 수도 있다. 진정한 사랑으로부터 비롯되는 행동이라면 거기에 자랑도 들어있지 않고 공로도 들어있지 않을 것이다. 그리스도인의 이웃사랑은 하나님 앞에서 하는 것이다. 이웃사랑을 행하면서 사람의 마음을 다 아시는 하나님 앞에서 가면을 쓰고 사랑이 풍성한 사람처럼 행동할 수는 없다. 그것은 스스로 바리새인이 되는 것이다.

이웃사랑의 출발은 불쌍히 여기는 마음이지만 그 마음은 영혼사랑으로부터 우러나오는 것이어야 한다. 우리의 이웃사랑이 그리스도의 사랑으로부터 비롯되므로 영혼사랑에 기인해야 하는 것임을 알 수 있다. 나와 가까운 사이, 내가 사랑하는 사람, 나에게 도움이 되고 유익이 되는 이웃, 생업을 함께 하는 이웃에게도 필요와 상황에 따라 진실한 사랑을 행해야 하지만, 아무 관계도 없을 뿐 아니라 오히려 짐이 되거나 부담이 되는 사람, 더 나아가 나를 해치려는 사람이나 대적하는 원수와 같은 사람들을 볼 때 더 불쌍히 여기고 마음으로 사랑한다면 그 사람은 온전한 그리스도인일 것이다.

> 그리스도인의 이웃사랑은 형제사랑의 확대개념이며, 형제사랑은 그리스도의 사랑의 적용개념이다. 누군가는 사랑하고 누군가는 미워한다면 그리스도의 사랑이 들어있다고 할 수 없다. 그리스도께서 모든 사람을 위해서 십자가에서 못 박혀 돌아가셨다는 사실을 잊으면 이웃사랑은 공허한 외침이 될 뿐이다. 마음으로부터 자연스러운 이웃사랑이 이루어져야 하겠다.

몸으로 사랑하라.

이웃을 사랑하는 것이
진정한 예배를 드리는 것이다.

> 예수님은 우리의 구원을 위해 몸을 버리셨다. 몸으로 사랑하는 것은 내가 대접받고 싶은 대로 대접하는 것이다. 그러면 하나님의 마음을 알게 되고 그 마음으로 이웃을 사랑하면 그것은 거룩한 산 제사가 되는 것이다.

그리스도인들에게 가장 부족한 것은 실천과 행동이 결여되어 있고 말과 혀로만 사랑하는 경우가 너무 많다는 점이다. 믿음이 희미해지는 이유는 실천과 순종이 실종되었기 때문이고, 교회가 세상의 손가락질을 받게 된 이유는 세상 속에서의 복음적 삶의 부재 때문일 것이다. 인간의 구원은 그리스도의 몸이 죽으심으로써 비로소 온전해질 수 있었다. 아무리 진정한 사랑을 한다고 해도 몸으로 섬김이 일어나지 않는다면 이웃사랑이 결코 될 수 없다. 이웃을 몸으로 사랑하면 우선 하나님께 큰 영광을 돌려드리는 일이 되고, 모든 사람들에게 그리스도의 사랑이 전달되며, 말씀의 깊이가 남다르게 커지고 놀랄 만한 깨달음과 영적 성장과 열매가 주어진다.

교회는 몸으로 이웃을 사랑할 수 있는 길을 많이 만들어놓아야 한다. 복음이 너무 교회 안에 갇혀 있는 것이 현실이다. 생활 가운데에서 누군가 해 주었으면 하는 바람이 생긴다면 바로 그것이 우리 그리스도인의 이웃사랑의 실천의 장이 된다. 어떤 일이든지 간에 언제라도 우리가 이웃을 기쁘고 즐겁게 할 수 있는 일을 찾아서 행한다면 그것은 섬김의 크기와는 관계없이 하나님께서 그 마음을 보시고 크게 기뻐하실 것이다. 바울은 우리 몸을 거룩한 산 제물로 드리면 하나님께서 기뻐하시는 영적 예배라고 하였다. 산 제물이 무엇인가? 그것은 이웃을 자기 몸처럼 사랑하는 것이다.

> 옥에 갇힌 자를 도우려면 우리 자신도 옥에 갇힌 것과 같은 의식을 가질 때 진정으로 갇힌 자를 돕는 일을 할 수 있다. 우리도 똑같은 몸을 가졌기 때문이다. 예수님께서 스스로 사람의 몸이 되셔서 찾아오신 까닭은 사람이 몸을 가지고 있기 때문이다. 몸과 영혼을 구원하시기 위해서는 스스로 몸이 되실 수밖에 없었던 것이다. 우리와 같은 몸을 가진 이웃을 사랑하려면 몸으로 실천해야 한다.

이웃을 대신하라.

이웃사랑은 예수님 대신, 이웃을 대신하는 것이다.

> 이웃사랑은 마치 유다가 베냐민 대신 종이 되겠다고 한 것처럼 예수님의 대신사랑을 깨달아 그들이 알지 못하더라도 예수님 대신 사랑하는 것이다. 그것이 이웃을 대신하는 사랑이다. 예수님께서 우리를 대신하셨기 때문이다.

내가 이웃이 된다는 것은 그리스도께서 그 이웃이 된다는 것을 뜻한다. 내가 이웃이 되지 않는 한 예수님은 그 이웃이 될 수 없다. 그래서 성도는 그리스도의 사랑의 통로인 것이다. 사람을 구원할 수 있는 방법은 그리스도께서 우리 죄를 대신해서 형벌을 받으시는 길밖에는 없었다. 우리 역시 그리스도의 사랑으로 이웃을 섬기기 위해서는 스스로 이웃을 대신하는 수밖에는 없다. 유다는 장자도 아니었고 어떤 권한도 주어지지 않았지만, 요셉이 베냐민을 종으로 삼겠다고 하자 베냐민 대신 자신이 종이 되겠다고 자청한다. 유다의 태도는 마치 그리스도의 태도와도 같이 훌륭하다.

우리는 이웃을 대신하는 것이 아니라 그리스도를 대신하는 사람들이다. 이웃사랑뿐만 아니라 모든 삶이 그리스도를 대신하는 것이다. 우리의 이 땅에서의 삶 자체가 바로 그리스도를 대신하는 삶이라는 점까지 생각해야 한다. 우리는 천국의 대사라는 말들을 한다. 천국의 대사관 업무를 이 땅에서 행하고 있는 사람들이 그리스도인이라는 말이다. 사람의 삶의 모든 영역에서 우리가 하는 일들이 전부 그리스도를 대신하는 일이기 때문에 마치 그리스도께서 하시는 것처럼 행할 수 있어야 한다는 것이다. 기독교 윤리가 아니라 그리스도인의 이웃사랑의 한 단면이라는 사실을 알아야 할 것이다.

> 자기 자신과 같이 이웃을 사랑하라는 주님의 계명은 이웃이 우리를 필요로 할 때 그 이웃의 입장이 아니라 아예 그 사람이 되어서 내 일을 하는 것처럼 하는 것을 말하는 것이다. 그것은 바로 우리가 이웃을 대신하는 것이고, 그것은 이웃을 그리스도를 대하는 것처럼 대하는 것이며, 동시에 우리가 그리스도를 대신하여 이웃들을 대하는 것임을 뜻한다. 이웃사랑은 단지 이웃을 향한 사랑이 아니라 오히려 그리스도를 향한 사랑으로부터 출발해야 할 것이다.

이웃이 되라.

출발하기

　우리의 이웃은 우리가 이웃이 되고자 할 때 나타난다. 그런 마음으로 사람들을 보지 못하면 이웃은 결코 나타나지 않는다. 그래서 예수님은 누가 이웃이냐는 질문에 너희가 먼저 이웃이 되라고 하셨던 것이다. 이웃이 된다는 것은 그리스도를 대신하는 것이다. 이웃사랑은 사마리아 사람처럼 마치 자신이 강도만나 돈도 다 빼앗기고 거의 죽기 직전까지 맞아 쓰러진 사람인 것처럼 돌보아주는 것이다. 그리스도의 사랑으로부터 우러나오는 마음으로 사랑하기를 힘껏 하고 마치 우리가 이웃의 몸이 된 것처럼 그것을 대신해주는 것이다. 모든 상황에서 마치 자기 자신이 당한 것처럼 돕는 것이다. 이웃사랑의 모든 출발은 그리스도께서 우리 대신 고통과 모욕을 몸으로 당하시고 목숨을 대신 주신 그 뜨거운 사랑을 우리의 온몸과 마음에 가득 넘치게 하는 것이어야 한다.

제11장
누구를 어떻게 사랑할 것인가?

그리스도인의 이웃사랑은 이웃을 마치 자기 자신을 돌보듯이 돌보는 것으로, 마음에서 우러나오는 그리스도의 사랑을 통해서 사랑하는 것이다. 우리의 일상생활 가운데 부딪치는 모든 사람들을 대할 때 마치 그리스도를 섬기는 것과 같은 마음으로 하는 것이 이웃사랑이다. 모든 사람을 위해 십자가에 못 박혀 돌아가신 그리스도를 대신하여 섬기는 것이다. 그리스도인의 이웃사랑은 형제사랑과 더불어 믿지 않는 사람들을 대하는 태도를 뜻한다. 사회 속에는 여전히 가난하고 소외되고 배척받는 수많은 이웃들이 존재한다. 교회와 성도는 하나님 앞에서 그런 사람들을 도울 수 있어야 한다. 현실 속에서 구체적으로 어떤 사람들을 어떤 방식으로 섬기고 사랑해야 하는지를 성경말씀 안에서 발견하고 실천에 옮겨야 할 것이다.

가난한 사람들

필요한 경우, 가난한 사람들에게 헌금을 바쳐라.

> 가난한 사람들을 돕는 것은 내 것이 모두 하나님의 것이라는 생각이 있어야 가능하다. 나아가서 내가 일을 하는 목적이 가난한 사람을 돕기 위해서라면 그것은 진짜 이웃사랑이다. 그것은 산 제물이며 주께서 가장 기뻐하시는 헌금이다.

예수님은 어느 부자 청년에게 소유를 다 팔아서 가난한 사람들에게 나누어주라고 하셨다. 그것은 주님을 따르기 위한 전제 조건이다. 모든 것을 전부 소유한 채 예수님을 따를 수는 없다. 소유를 다 팔아서 나누어주라는 말씀은 우선순위의 문제이다. 주님을 따르는 데 방해가 되는 것이 있다면 과감하게 버려야 한다. 그러나 주님은 그 말씀을 하시기 전에 그것이 '한 가지 부족한 것'이라고 하심으로써 그것을 채워야 영생이 있을 것임을 말씀하셨다. 그것은 그리스도인들이 물질을 나누는 것이 의무요

책임이라는 말씀이다. 그리스도인의 눈길은 언제나 가난한 사람들을 향하고 있어야 한다. 그것이 진정한 이웃사랑의 가장 기본적이고 핵심적인 출발점이다. 잔치를 벌인다면 가난한 사람들과 소외된 사람들을 초청하는 것이 하늘나라에서는 훨씬 더 효과적이다.

가난한 이웃들을 돕는 최종목표는 가난한 사람들이 사라지도록 하는 것이다. 가난한 사람들은 세상 끝 날까지 존재할 것이므로 우리는 항상 가난한 이웃들을 깊은 관심을 가지고 도와야 한다. 한편 가난한 사람들은 사정과 형편을 더 잘 알기 때문에 이웃이 어려움을 당하면 오히려 더 많은 도움을 주기도 한다. 그리스도인은 가난한 사람들을 구제하기 위해 돈을 버는 사람들이어야 한다. 마치 십일조와 헌금을 교회에 드리는 것처럼 이웃을 위해 일정하게 나눈다면 그것은 가장 큰 헌금이 될 것이다.

> 진실한 마음으로 가난한 사람들을 돕는 이웃사랑은 그리스도인의 의로 하늘에 기록된다. 그 의는 영원토록 사라지지 않는다. 그리스도의 사랑으로 세상을 바라보고 가난한 이웃들에게 눈길이 닿는다면 우리는 의로움과 보화를 동시에 하늘에 쌓는 백성들이 된다. 예수님의 마음으로 이웃을 살피는 사람들이 진정한 그리스도인들인 것이다.

고아와 과부

외롭고 힘든 사람을 돕는 것이 진짜 예배이다.

> 다비다는 예배드리다가 죽은 것이 아니라 과부들을 돕다가 죽었다. 그를 통해 많은 사람이 믿게 되었다. 참된 경건은 고아와 과부를 돕는 것이다. 이웃사랑 없는 예배는 공허하다. 외로운 사람들과 마음을 같이해야 참된 예배이다.

　원리적으로 볼 때 고아나 과부를 불쌍히 여기고 사랑해주어야 할 이유는 그들이 어디에도 기댈 데가 전혀 없기 때문이다. 오늘날에는 고아나 과부들의 삶이 이전보다 훨씬 나아졌고, 소외된 계층에 대한 국가의 배려로 그나마 가난의 틈새가 많이 사라졌다. 하지만 고아나 과부와 같은 형편에 처해있는 사람들이 사라진 것은 아니다. 심정적인 고아나 과부들은 아무리 제도가 발전해도 줄어들기가 어렵고, 가난과는 다른 측면에서 결핍과 차별과 소외를 느끼는 사람들은 더 증가했다. 현대사회에서는 심령의 고아나 과부와 같은 이웃들을 찾아서 섬겨야 할 것이다. 욥바에 사는 다비다는 많은 과부들을 진정한 마음과 실제적인 섬김으로 돕다가 죽었지만 베드로의 기도를 통하여 다시 살아났다. 그것 때문에 많은 사람들이 예수님을 믿게 되었다.

사도 바울은 그리스도인에게 과부 친척이 있다면 스스로 도와서 교회의 부담이 되도록 하지 말라고 이야기했다. 과부와 같은 사람을 마치 자기 자신을 돌보는 것처럼 섬겨야 할 것을 강조하는 것이다. 예수님도 독자가 죽어 장사지내러 가는 과부를 위해 아들을 살려주신 적이 있었다. 반면에 이런 과부들의 아픔을 돌보지는 못할망정 그들로부터 이득을 취하려는 사람들이 있다면 그들은 더 엄중한 심판을 받게 된다. 과부의 가산을 삼키면서 거룩한 옷을 입고 다니는 바리새인과 다를 바가 없기 때문이다.

> 야고보는 참된 경건은 예배와 헌금을 철저히 드리고 기도를 많이 하는 것이 아니라 고아와 과부를 환난 중에 돌보는 것이라고 설파했다. 예배도 중요하고 기도나 말씀도 중요하지만 만약에 고아와 과부들을 보고도 사랑하지 못한다면 그런 종교생활은 모두 헛것이라는 것이다. 근본적인 이웃사랑이 없는 예배가 진정성을 담보하기는 어려운 것이다.

장애를 가진 사람들, 지체 부자유자들

육적 장애에서
영적 장애를 볼 수 있어야 한다.

> 장애인을 돕기 위해서는 그들의 필요를 이해해야 한다. 우리는 그들의 발이 되어주고 영적 필요를 채워주어야 하지만 적어도 마지막 기회라는 생각으로 도와야 한다.

예수님은 장애인들이나 환자들을 직접 고쳐주셨다. 하지만 현대사회에서 예수님 당시처럼 기적적인 치유가 자주 일어나는 것은 아니다. 그렇다면 우리는 장애인들을 어떻게 도와야 하겠는가? 직접적인 치유가 힘들다면 우리는 그들에게 가장 긴급하게 필요한 부분을 깨달아서 그것을 채우는 방향으로 이웃사랑을 실천해야 할 것이다. 베데스다 못가에 있는 많은 환자들은 오로지 물이 움직이기만을 무작정 기다리고 있었다. 거기에 38년 동안이나 고생하는 환자가 있었다. 그에게 가장 필요한 것은 물이 움직일 때 자기를 그 못에 데리고 가서 넣어줄 사람이었다. 예수님은 그 사람을 완전히 고쳐주셨지만, 우리가 만약에 그 자리에 있었다면 물이 움직일 때 그 사람을 못에 데리고 가는 일을 해야 할 것이다. 그들에게 필요한 최소한의 조치라도 취하는 것이 그리스도인이다.

한편 뇌졸중 환자를 친구 4명이 데리고 예수님을 찾아온 사건은 장애인들에 대한 이웃사랑의 원형을 보여준다. 이 환자에게 가장 필요한 것은 예수님께 데리고 가는 일이었다. 환자를 침상에 태우고 갔지만 사람이 너무 많아 들어갈 수 없게 되자 이들은 그 집의 지붕을 뜯어서 이 환자를 예수님 앞으로 달아 내렸다. 이 친구들은 자신이 이 환자라고 생각했을 것이고 아마도 이 환자에게 마지막 기회라고 여겼을 것이다. 우리가 마지막 기회라고 생각하지 못하면 실질적으로 장애인들을 도울 수가 없다. 그리고 장애인들을 보았을 때 그들을 통해 하나님의 영광을 드러내야 하겠다는 마음도 가져야 한다.

> 시각장애인 바디메오를 보시고 예수님은 "무엇을 원하느냐?"라고 질문을 하셨다. 그것은 정말 필요로 하는 것이 무엇인지 스스로 깨닫게 하시고 예수님에 대한 믿음을 가질 수 있도록 만들기 위함이었다. 진짜 깨달아야 할 것을 깨닫게 하고 그것을 채워주는 것이 바로 참된 이웃사랑이다.

나그네들
모든 이웃들이
나그네라는 생각을 가져야 한다.

> 외국인 근로자는 본국의 가족들을 위해 일한다. 우리는 본향을 가는 나그네로서 살아간다. 그렇기 때문에 나그네들의 형편을 헤아려야 한다. 우리는 나그네를 돕는 나그네이다.

오늘날 우리 주변에는 외국인 나그네들이 많다. 그들이 당할 불이익이나 차별을 최소화해서 내국인과 조금도 다를 것이 없이 대우해야 한다. 이웃사랑의 기본전제는 우리가 대접받고 싶은 대로 이웃에게 대접하는 것이다. 예수님은 양과 염소의 비유에서 그리스도인들이 이 땅에서 섬겨야 할 이웃을 배고픈 사람, 목마른 사람, 나그네 된 사람, 헐벗은 사람, 병든 사람, 옥에 갇힌 사람들로 설명하신 바 있다. 핵심은 나그네를 대접한 것이 예수님을 대접한 것이었다는 점이다. 그래서 나그네를 대접하는 것은 첫째로 우리의 자연스러운 일상이 되어야 하고, 둘째는 나그네를 마치 예수님을 대접하는 것처럼 해야 한다. 서신서에는 교회 중직들의 자격에 나그네를 잘 대접하라는 항목이 들어 있다.

그런데 현실적으로 어떤 특정한 목적, 예를 들어 특정한 종교를 포교하기 위해 국내에 들어오는 사람들에 대해서는 그리스도인으로서는 경계하지 않을 수 없다. 난민들은 받아서 배려하고 보살펴야 하는 사람들이지만, 그 중에서 다른 목적을 가진 사람들이 있다면 막아야 할 것이다. 하지만 만약에 정말 이단이나 이슬람을 포교하려고 들어온다 하더라도 공식적으로 그들을 막을 방법은 없다. 그러나 하나님은 여전히 하나님이시고 복음은 여전히 살아있다. 우리들은 영적으로 싸워야 하고, 그리스도의 복음에 합당한 삶을 흔들림 없이 행하면 되는 것이다. 그 나머지는 하나님께서 하신다.

> 종교적인 박해가 닥쳐도 오히려 복음은 살아서 수많은 영혼들을 구원하고 마지막에는 다시 복음이 크게 펼쳐졌다. 복음은 박해를 받을 때 더욱 생명력이 넘치게 전파되었다. 이 시대에 성도들의 수가 줄어든 것이 위기가 아니라 그리스도의 사랑을 따라 복음을 살지 못하는 것이 위기이다. 그리스도의 사랑은 나그네들에 대한 사랑으로 이 땅에 성취되는 것이다.

사회적 약자들

사회경제적 틈새를 메우는 것이 이웃사랑이다.

> 사회적 약자들은 기댈 데가 없는 사람들을 뜻한다. 그들에게 우리가 필요하다. 제도의 틈새가 보일 때 어김없이 현장에 있어야 할 사람들이 그리스도인들이다. 함께 울어야 한다.

우리는 이방 나라에서 살고 있는 복음의 공동체이다. 오늘날의 이웃사랑은 공동체 밖의 모든 불신 이웃들과 연결되어야 한다. 그렇기 때문에 약자들이나 소외된 계층이나 소수자들에 대한 사랑이 반드시 이루어져야 한다. 대표적인 사회적 약자들은 감옥에 갇힌 사람들이다. 두말할 필요 없이 갇힌 사람들도 그리스도의 사랑으로 보살펴야 한다. 예수님은 누구를 위해 이 땅에 오셨는가? 당연히 죄인들을 위해 오셨다. 조직적으로 범죄를 저지르는 사람들과 우리들은 모두 본질적으로는 죄인들이다. 우리는 옥에 갇힌 사람들의 죄를 바라보지 말고 그들의 심령을 바라보아야 한다.

  소득의 불평등을 당하는 사람들과 계층적으로 불완전한 사회 구조 속에 갇혀있는 사람들에게 불이익을 주면 안 된다. 계급투쟁 방식으로 사회적 운동에 동참하는 일은 어떤가? 기본적으로 그리스도인의 이웃사랑은 사회적 구조의 틈새가 벌어질 때 그 틈새를 적절하게 메워주고 도와주고 채워주는 역할이어야 한다. 우리가 할 수 있는 최선의 것을 드리고 나머지 결과는 하나님께 맡겨야 하는 사람들이다. 중요한 것은 우리가 그런 사람들과 함께 울어야 할 때 우는 사람들이라는 것이다. 그것은 마음으로 사랑하는 것이다. 그리고 소수자들, 특히 성소수자에 관해서도 분명히 그들을 차별하면 안 된다. 동성애도 많은 죄들 중의 하나이다. 다만 그것을 위해 다른 권리에 대해 심각한 차별을 가한다면 그것은 막아야 할 것이다.

> 동성애자들뿐 아니라 모든 소외된 사람들을 차별하지 말고 그들도 역시 용서받아야 할 죄인들이며 그리스도께서 그들을 위해서도 십자가에 못 박히신 것을 생각하면서 그들을 어떻게 사랑해야 할 것인가를 고민해야 할 것이다. 기본적으로는 소외된 자들의 입장을 이해하고 그들이 당하고 있는 죄와 싸우도록 하는 것도 중요한 이웃사랑인 것이다.

누구를 어떻게 사랑할 것인가?
출발하기

　모든 종류의 차별은 그리스도의 사랑법에 따라 존재할 수가 없다. 그 이웃이 잘난 사람이든 못난 사람이든, 건강하든 장애가 있든, 부자이든 가난하든, 남자이든 여자이든, 성공한 사람이든 실패한 사람이든, 권력을 가졌든 못 가졌든, 어르신이든 아이들이든, 이성애자이든 동성애자이든 그리스도 안에서는 결코 차별당할 수 없다. 그리고 차별당하는 사람들이 있다면 그곳에는 어김없이 그리스도인이 존재하고 있어야 한다. 그리스도인의 이웃사랑은 가난한 사람에게 물질을 보내거나 어려운 사람들을 돕는 차원에 그치는 것이 아니라 그 이전에 우리들 주변에 살아가고 있고 날마다 만나는 모든 사람들을 그리스도의 사랑으로 바라보는 데에서부터 출발하는 것이다. 우리가 먼저 그리스도의 사랑으로 충만함을 받고 이웃들에게 그 사랑을 실천하는 진정한 그리스도인이 되어야 하겠다.

제12장
이방인들에 대한 이웃사랑

우리는 온통 이방인들 틈에 섞여서 살고 있다. 우리는 하나님을 모르는 이방인들의 제도와 문화와 이방인들의 가치관 속에서 싸워야 하는 사람들이다. 문제는 기독교 신앙의 정체성이 차츰 희미해져감으로써 성도들이 세상 사람들과 거의 차이가 없을 정도로 변해버렸다는 점이다. 구약에서와는 달리 우리들이 이웃이라고 부르는 사람들은 전부 이방인들이다. 그렇다면 그 이웃을 사랑하는 일에는 분명한 한계와 지침이 필요하다. 그리스도인들은 사랑을 베풀더라도 각별하게 그들의 신앙이나 가치관들을 멀리할 수 있어야 하겠다. 예수님은 원수까지도 사랑하라고 하셨지만, 구약에서처럼 기독교신앙을 파괴하는 사람들까지 수용하라고 하신 것은 아니다. 결코 회개할 수 없는 바리새인을 예수님은 얼마나 비판하셨는가?

진멸전쟁

그리스도인은 날마다 진멸전쟁을 치르는 사람이다.

> 육체가 안락과 쾌락과 번영을 추구하지만 영혼은 그런 우상을 한사코 거부해야 한다. 영적인 가나안 정복이 이루어지려면 세속화된 모든 욕심을 물리치는 진멸전쟁이 꼭 필요하다. 우리 자신과의 싸움이고 악한 세력과의 영적 싸움이다.

구약의 영적인 질서는 신약시대에 그대로 구현될 수 있어야 한다. 구약에서 하나님이 그렇게 율법을 강제하신 것은 그 영적 원칙이 무너지면 이웃사랑은 오히려 독이 될 수 있기 때문이다. 진멸명령은 적의 군인들뿐만 아니라 모든 백성들, 아이들까지 완전히 멸할 것을 명하시는 것이다. 그것은 이스라엘 민족의 거룩성과 순수성의 훼손을 염려하셨기 때문이다. 만약에 우상숭배로 이스라엘의 믿음이 훼손된다면 하나님의 나라는 세상에 존재하지 않게 된다. 하나님은 조그마한 틈도 허락하실 수가 없다. 하나님은 출애굽한 이스라엘이 가나안 땅에 들어가서 잘 정착하고 배가 부르고 살이 찌면 여호와 하나님을 멸시하고 다른 신들을 섬길 것을 아셨다. 그 때에는 반드시 저들에게 재앙을 내릴 것을 말씀하셨다.

출애굽할 때 애굽에 내린 열 가지 재앙들은 전부 우상들을 응징하신 것이었다. 물이 피로 변한 것은 나일강의 신을 응징한 것이고, 개구리는 다산의 신이지만 오히려 재앙으로 돌려주셨으며, 이는 땅의 신, 파리는 치료의 신 등 우상들을 응징하신 것이었다. 그토록 가나안의 진멸전쟁을 명하셨건만 북이스라엘과 유다가 멸망할 때까지도 바알 숭배는 존재했다. 결국 하나님의 나라가 망하고 백성들은 이방에 포로로 잡혀가는 기가 막힌 일까지 당해야만 했다. 마지막에는 바리새인들이나 서기관과 같은 종교주의자들이 율법의 본질을 깨우쳐주시던 그리스도 예수님을 십자가에 못 박았던 것이다.

> 진멸전쟁을 먼저 언급하는 것은 자기 자신처럼 이웃을 사랑하라는 말씀의 의미와 한계를 알아야 하기 때문이다. 아무리 순수하게 사랑해도 그리스도의 사랑이 담겨있어야 한다. 그 사랑은 세속화 사상이나 우상숭배와 같은 이단 사설들을 걸러내는 범위 안에서의 개방이다. 그리스도인의 이웃사랑은 그리스도의 사랑의 확산에만 그 의미가 존재하는 것이다.

이방인의 풍속을 따르지 말라.

행위의 우상숭배와 심령의 우상숭배는 동일하다.

> 하나님의 눈으로 보면 세상은 더러움으로 가득 차 있다. 기독교문화는 용서와 사랑이지만 세상문화는 경쟁과 정복이다. 세상의 풍속들은 우상숭배로 이끄는 세상문화의 표출이다.

몰렉에게 자식을 바치거나 동조하거나 방임하는 것은 이웃사랑이 아니다. 이스라엘의 거룩성을 해치는 행위는 명백한 하나님 대적행위이다. 몰렉을 숭배하는 잔인한 행위가 얼마나 뿌리 깊었든지 솔로몬이 몰렉(밀곰)을 위해 산당을 지었고, 유다 왕 아하스와 므낫세는 자식을 몰렉에게 바치기 위해 불 가운데로 지나가게 했으며, 유다 말기에 가서도 이 우상숭배를 버리지 못했다. 그런 행위를 단지 전통이나 문화나 관행이라고 이야기할 수 있을 것이다. 그러나 그 속에는 이방인들의 모든 사상이 다 들어있다. 남유다와 북이스라엘이 같은 민족이었지만 서로 화친

하여 그들의 문화를 용납하고 서로 사랑하라고 하지는 않으셨다. 하나님의 관심은 이스라엘 민족의 거룩성이었던 것이다.

하나님은 이방인들의 모든 풍습에 대해 격노하신다. 그것은 거대한 악이며 하나님을 대적하는 사탄의 궤계들이다. 오늘날 그것은 세속문화로 교회 안에 깊숙이 침투해 있다. 이스라엘과 유다는 왜 멸망했는가? 거의 모든 왕들이 이방인의 풍습과 문화를 따라갔고, 제사장들과 고관에게도 가증한 우상숭배가 넘쳤기 때문이었다. 오늘날 왜 기독교가 쇠퇴했으며 복음이 그 능력을 잃어버렸는가? 세속문화의 침투에 제대로 대처하지 못하고 오히려 지도자들이 거기에 빠져들었기 때문이다. 거룩성과 순수성은 무시한 채 그저 부흥, 축복, 성공과 같은 세속문화에 물들었다. 하나님의 영적 번영이 아니라 세상을 향한 번영신학, 하나님의 능력이 아니라 세력의 힘에 의존하고 열광하는 맘몬주의가 모두 세속문화요 우상숭배이다.

> 인간의 모든 행위들은 하나님과 깊은 관계가 있다. 하나님의 편이 아니면 하나님의 원수이다. 복음적인 사고방식이나 문화와 대적하는 모든 세속문화는 반복음이다. 아무리 이웃사랑을 강조하더라도 세속적인 문화를 용납해서는 안 된다. 왜냐하면 그 세속문화가 신앙인을 무너뜨리기 때문이다.

이방여인에 관하여

이방여인이란
물질과 성공과 번영의 유혹이다.

> 세상의 풍속을 따라가다가 보면 자연스럽게 배후의 세력에 침범 당한다. 이방풍속과의 결합은 자신을 멸망으로 이끌 뿐이다. 그래서 하나님은 이방인과의 결합을 금하셨던 것이다.

바사 왕 고레스의 명에 의해 총독 스룹바벨은 예루살렘에 성전건축을 시작했고 우여곡절 끝에 완공한다. 그 후에 예루살렘에 돌아온 학사 겸 제사장 에스라가 백성들에게 하나님의 율법과 규례들을 가르치기로 결심한다. 그런데 에스라는 백성들이 가나안의 우상숭배 풍속을 따르고 이방인들의 딸들을 아내와 며느리로 삼았는데 고위층으로 갈수록 더욱 심하다는 보고를 받는다. 가나안의 우상이 이스라엘 멸망 150년이 되기까지 이스라엘을 더럽히고 있었다. 얼마나 뿌리가 깊은가? 백성들이 모든 이방인 아내와 소생들을 다 내보내기로 약속하면서 이스라엘은 다시 외적인 거룩성을 회복한다. 조사 결과, 거의 모든 가계에 이방인 여자가 다 들어와 살고 있었다. 죄악은 모르는 사이에 중심부를 차지하는 것이다.

오늘의 영적 상황과 너무나도 흡사하다. 세상의 문화는 쾌락과 번영과 정복과 성공을 추구하고 있고, 약육강식과 적자생존이 지배하는 사상으로 꽉 채워져 있다. 그런 문화를 기독교 문화가 이겨낼 수 있겠는가? 더구나 사랑과 용서로 세상을 이기려면 그만큼 영적으로 무장되어 있어야 한다. 이것은 어떻게 하면 모든 상황에서 우리의 신앙적 거룩성과 순수성을 지킬 수 있겠는가에 대한 이야기이다. 오늘날 이방여인은 세속문화, 인본주의 사상이다. 문화는 영적 영역을 포함하는 것이고, 이방문화를 받아들이면 여호와 신앙이 훼손되고 파괴될 것이 너무나도 명백하다. 스스로 영적 무장이 되어 있지 못하다면 오히려 이방인의 길을 가기가 더 쉬워진다.

> 그리스도인이 복음의 거룩성을 지키지 못하고 이방문화에 젖어 세속문화와 혼합된다면 하나님은 진노의 매를 드시거나 관심에서 제해버리실 것이다. 세상욕심이나 세속적인 성공에 대한 소망을 버리고 말씀과 기도와 이웃사랑으로 거룩성을 찾아 살기 시작하면 하나님은 일하기 시작하신다. 그리스도인의 이웃사랑은 이 거룩성의 범위 안에서 이루어져야 한다.

이방인에 관한 기준의 변화
영적 이방인을 구별해야 참된 이웃사랑이 가능하다.

> 지금은 영적 분별력이 철저하게 요구되는 때이다. 우리의 이방인 이웃들에 대해서 당연히 자기 자신처럼 사랑해야 하지만 동시에 영적 싸움을 치열하게 싸워야 하는 시대이다.

이방인들은 여호와 하나님을 인정하지 않고 우상숭배와 쾌락적인 수단들을 총동원하여 이스라엘을 무너뜨리려는 세력들이었다. 이방인에 대한 시각은 완전히 고착화되어 예수님조차도 이방인을 가리켜 중언부언 기도하는 사람들, 형제들끼리만 문안하고 먹고 살 것만 위해 기도하는 사람들이라고 하셨다. 그런데 예수님께서 부활 승천하신 후에 임하신 성령님으로 인하여 완전히 다른 새로운 인류가 탄생하게 되었다. 거기에는 유대인과 이방인, 언어나 종족의 차이, 남녀나 계층이나 신분의 격차도 없었다. 누구든지 성령 안에 들어오면 모두가 같은 주님의 형제들이 되는 것이다. 이제 유대인과 이방인의 개념 자체가 완전히 사라져버린 것이다. 신자들과 불신자들이 마치 유대인과 이방인과 같은 상황으로 변한 것이다. 그렇지만 영적인 흐름과 원리는 세상의 종말이 와도 여전히 유효하다.

하나님은 여전히 유대인과 이방인의 개념을 확고하게 가지고 있는 이스라엘에서 베드로를 통하여 이방인인 고넬료에게 세례를 베풀게 하시고 거기에 방언으로 성령님의 임재를 나타내 보여주셨다. 베드로가 예루살렘 총회에서 이 사실을 보고함으로써 이제 공식적으로 이방인과 유대인의 개념이 완전히 바뀌었다. 이방인은 무조건 진멸의 대상이 아니라 전도의 대상으로 바뀌었다. 이웃사랑의 개념도 자연스럽게 바뀌어야만 했다.

물론 그렇다고 영적인 개념까지 바뀐 것은 결코 아니다. 이제부터는 육체적 신분과는 관계없이 주 예수 그리스도로 인한 죄 사함과 부활을 믿으면 영적인 유대인이 되는 것이다. 따라서 우리의 이웃사랑의 대상은 현재적 의미의 유대인(그리스도인, 형제)들과 미래적인 의미의 유대인(구원의 대상자들, 불신자)들을 모두 포함시키게 되었다. 물론 현재적 유대인들은 그 거룩성을 반드시 담보해야만 한다.

어떻게 이방인을 사랑할 것인가?

용서와 사랑을 쏟아내지 못하면 우상이 침범한다.

> 복음의 가장 큰 특징이 용서와 사랑이며, 세상과 완전히 구별되는 기독교만의 문화이다. 교회가 사랑과 용서를 확장시키지 못하면 교회와 세상은 똑같아진다.

　이웃사랑은 이방문화를 배격하고 그리스도의 복음을 전파하는 유일한 수단이다. 선포되는 복음이 아니라 보이는 복음이기 때문이다. 그리스도인은 하늘의 상을 바라보고 달려가는 사람들이다. 이 땅의 성공과 복을 받기 위해 애쓰고 힘쓴다면 그 사람은 이방인 중의 한 사람일 뿐이다. 이웃사랑이란 기본적으로 그리스도의 사랑을 전하는 것이기 때문에 그리스도인의 정체성이 삶 가운데 드러나야 한다. 바울 시대의 이방인의 개념과 우리 시대의 이방인의 개념은 전혀 다르다. 지금은 이방인이라는 표현조차 사용하지 않을 정도로 이방인에 대한 경계가 사라졌다. 그 대신 우리에게는 그냥 이웃이라는 개념으로 변경되었다. 오늘날의 이웃은 불신자들을 뜻하게 되었다.

그러나 이웃사랑의 본질이나 방향이 달라지는 것은 아니다. 성경이 말하는 이웃이 공동체 내의 형제를 말한다고 해도, 오늘날 이웃사랑의 내용이나 방법과 동일해야 한다. 구약에서는 민족 공동체를 거룩하게 하기 위한 이웃사랑이었다면 신약 이후에는 영적인 공동체를 거룩하게 지켜내는 이웃사랑이어야 하기 때문이다. 교회는 안으로 걸어 잠그는 것이 아니라 세상이 침범하지 못하도록 끊임없이 이웃사랑을 분출해내야만 한다. 그리스도인의 이웃사랑을 통해서 반드시 그리스도의 사랑이 전달되어야 한다. 언어로서의 복음이 제대로 전달되기 위해서 이웃사랑이라는 삶으로 본질을 보여주는 것이다. 그것이 그리스도인의 이웃사랑의 가장 핵심적인 개념이다.

> 그리스도인의 이웃사랑의 극치는 예수님의 십자가 희생이다. 십자가 고난이 모든 그리스도인들의 이웃사랑의 원형이다. 예수님은 우리가 하나님과 원수 상태에 있을 때에 이미 우리를 위해 십자가에서 목숨까지 내어주셨다. 우리가 예수님처럼 이웃을 사랑하는 일은 거의 불가능하다. 그러나 우리는 우리 자신을 그리스도의 십자가 희생 위에 올려놓아야 한다.

이방인들에 대한 이웃사랑
출발하기

　이웃사랑은 무작정 이웃을 위해 죽음까지 불사하는 것이 아니다. 그리스도의 희생은 사람을 구원하는 데에서만 그 의미가 살아난다. 그리스도의 희생을 받아들이는 사람에게는 예수님의 희생은 목숨처럼 받아들여진다. 그러나 그 사랑을 믿지 못하고 받아들이지 못하는 사람에게는 그 어떤 사랑도 의미가 없다. 우리의 이웃사랑도 마찬가지이다. 우리가 예수님처럼 자신을 희생하면서 이웃을 사랑했다고 하더라도 그 의미를 받아들이는 사람에게만 의미가 살아나는 것이다. 어떤 의미에서 이웃을 사랑하는 것이든지 전달되는 것은 우리의 인간적인 사랑이 아니라 그리스도의 초월적인 사랑이어야 한다. 우리의 모든 이웃사랑의 행위에는 그리스도의 사랑으로 넘쳐야 하며 우리의 자랑이나 자기 의가 아니라 하나님의 사랑이 전달되어야 하는 것이다.

제4부

·

이웃사랑은 영혼사랑이다

제13장
이웃사랑의 초점에 관하여

이웃사랑과 관련하여 나눔이나 섬김을 행할 때 그 행위 자체에 초점을 맞추는 경우를 자주 보게 된다. 하지만 행위에 집중하게 되면 어쩌면 하나님은 빠지고 사람만 드러나게 될 수 있다는 점을 간과하는 것이다. 이웃사랑은 하나님의 시각으로 볼 수 있어야 하고 이웃에게 초점을 맞출 수 있어야 한다. 섬기는 사람이 드러나게 되면 하나님의 영광을 가리게 되는 것이고 그것을 통해서는 이웃에게 유익한 일이 일어날 수 없다. 그 유익한 일이란 이웃 영혼들의 구원이다. 이웃사랑의 초점은 바로 이웃의 영혼들이다. 이웃사랑의 목적이 영혼들에 맞추어지지 않는다면 그것은 세상의 나눔이나 섬김과 거의 다를 것이 없어져버리게 된다. 이웃 영혼들에 초점을 맞출 때 영적 싸움과 박해와 비난에서 승리하고 귀중한 구원의 열매를 거둘 수 있는 것이다.

사랑의 대상이면서 경계의 대상
이웃은 복된 선물이지만 세속의 위기일 수도 있다.

> 신앙인은 세상 속에서 살면서 세상을 변화시키는 사람들이다. 이웃은 우리의 사랑을 드러내는 기회이지만 경건을 지키지 못하면 세상 유혹에 빠져서 멸망의 길을 갈 수도 있다.

　그리스도인의 이웃사랑은 진퇴양난에 빠진 격이다. 왜냐하면 우리는 이웃(이방인, 불신자)들을 자기 자신처럼 사랑해야 하는 사람들인 동시에 경계해야 하는 사람들이기 때문이다. 가까이 하기에는 너무 먼 당신이 바로 우리의 이웃들이다. 한편으로는 자기 자신처럼 사랑해야 하지만 다른 한편으로는 저들에게 물들지 않기 위해서 경계해야 한다. 이 모순을 어떻게 극복할 것인가? 예수님은 십자가의 고통뿐만 아니라 3년 동안의 생활을 보여주셨다. 예수님은 우리의 죄를 위해서만 오신 것이 아니라 그리스도인의 삶의 본을 보여주셨고, 우리의 삶 속에 깊숙이 개입

하고 계신다. 예수님께서 바리새인들을 향해 천국 문을 막고 다른 사람도 들어가지 못하게 한다고 하셨으며, 기껏 전도해서는 자기들보다 더욱 지옥자식들이 되게 한다고 비판하셨다. 이들이 오늘날 우리 주변에 존재한다면 그들이 우리의 이웃들이다.

우리는 하나님께서 주시는 이웃들을 우리 자신처럼 사랑해야 한다. 그러면서도 우리는 철저하게 경계해야 한다. 불신 이웃들을 진심으로 사랑하되 영적 분별력을 가져야 한다. 우리의 섬김은 순전히 이웃들의 영혼을 위해서이기 때문이다. 영혼을 얻기 위해서 육으로 섬기고 사랑하는 것이다. 섬기는 행위에만 초점을 맞추면 100% 우리의 공로가 될 뿐이다. 우리 그리스도인들은 모두 하나님의 은혜의 통로요 그리스도의 희생의 통로요 영적 이방인들을 향한 구원의 통로들이다. 그래서 이웃사랑은 기본적으로 영혼을 향한 섬김인 것이다.

> 그리스도인들은 세상과 하나님 사이에서 외줄타기 하는 사람들이다. 이웃을 자기 자신처럼 사랑하되 그 사랑의 목표를 잃어버리면 안 된다. 이웃을 자기 몸을 돌보는 것처럼 사랑하더라도 그 사람의 영혼을 생각하지 못한다면 세속으로 끌려갈 수밖에 없다. 오늘날 우리 모든 그리스도인들은 이웃의 영혼을 구원하기 위해 세상 속으로 파송받은 사명자들이다.

동역적 사랑과 선교적 사랑

형제사랑의 에너지가 아니면 이웃사랑은 실패한다.

> 사랑의 방식은 같아도 믿음의 형제(넓게는 모든 기독교인)는 섬기고 격려하여 일꾼으로 세우는 동역적 사랑이고, 이웃(불신자)은 섬김으로써 하나님을 만나게 하는 선교적 사랑이다.

　형제사랑과 이웃사랑은 모두 자기 자신처럼 사랑해야 하는 것이지만, 그 목적은 완전히 달라진다. 목적으로 보자면 형제사랑은 동역적 사랑이고 이웃사랑은 선교적 사랑이다. 영적으로 보면 형제사랑은 서로 독려하면서 세상에서 이웃사랑을 함께 행하기 위한 사랑이고, 이웃사랑은 복음의 진리를 모르는 사람들에게 육적인 나눔과 섬김과 사랑을 통해 그리스도의 사랑을 경험하게 만드는 것이다. 형제사랑은 성도 중의 누구인가를 위로하고 격려하고 세워주는 일이 중심이 되는데, 그것은 하나님의 동역자로 세우기 위해 자기 자신처럼 사랑하는 것이다. 형제사랑은 그리스도인의 진정함 힘과 능력이다. 형제사랑의 최후의 목적은 그리스도의 장성한 분량이 충만한 데까지 이르게 만드는 것이다. 형제를 사랑하지 못하는 것은 하나님을 사랑하지 못하는 것이다.

이웃사랑은 자기의 사랑을 드러내 보이는 것이 아니다. 그리스도인은 그리스도의 사랑으로 사랑하는 것이기 때문이다. 성도들은 이웃사랑에 대한 인식을 바꾸어야 한다. 우리의 모든 삶 자체가 선교적 이웃사랑이어야 한다. 중요한 것은 생활 속에서 끊임없이 하나님께 영광을 돌려드리는 일이다. 이웃사랑은 삶의 모습으로, 사랑의 눈빛으로 하나님을 증언하는 것이다. 그리스도인들은 현실 속에서 자신이 할 수 있는 이웃사랑을 통해서 하나님의 사랑을 드러내 보이는 사람들이다.

> 그리스도를 드러내지 않는 이웃사랑은 참다운 사랑이 아니다. 자기 의나 공로나 스스로의 만족감을 위해 이웃을 섬기는 것은 아닌가? 이웃의 영혼을 생각하고 그리스도의 사랑을 전하는 것이 아니라면 어쩌면 아무런 가치도 없는 것인지도 모른다. 우리의 모든 삶 속에는 선교적 이웃사랑의 인식이 들어있어야 한다. 오랜 실천과 훈련을 통해서 선교적 이웃사랑이 무의식이 되어 감정으로까지 솟아나야 한다.

1차적 사랑과 2차적 사랑

불신 이웃을 하나님과 화목하게 하는 것이 신앙이다.

> 우리가 나눔과 섬김으로 이웃들과 화목하여 하나님의 사랑을 보여주지만 그것은 1차적 사랑이고, 간절하고 끈기 있게 하는 간구와 기도는 하나님과 화목하게 하는 2차적 사랑이다.

우리는 우리 사랑을 통해서 하나님을 만나게 하기 위해서, 곧 하나님과 영적으로 화목하게 하려고 이웃을 우리 자신처럼 사랑하는 것이다. 이웃사랑 중에서도 1차적 사랑은 성도와의 화목을 위해, 2차적 사랑은 하나님과의 화목을 위해 행하는 것이다. 우리는 우선 우리 스스로 믿지 않는 세상의 이웃들과 화목한 분위기를 만들어야 한다. 사도 바울은 우리는 세상과 하나님을 화목하게 하는 직분을 받은 사람들이고 말했다. 그 직분은 목회자이든 성도이든 누구에게나 동일하게 주어진다. 그리스도는 우리를 포함하는 이방인들의 죄를 그들에게 돌리지 않고 홀로 감당하셨다. 그 목적은 하나님과 화목하게 하시기 위함이었다. 이웃사랑은 자기희생이다. 예수님은 죄인들을 위한 화목제물이 되셨다. 우리도 화목제물이 되어야 한다. 아무 손해도 안 보고 이웃을 사랑할 수는 없다. 이웃사랑은 자기희생을 통해 이웃들과 화목하게 되는 것이다. 다만 반드시 하나님과의 화목이라는 목표를 전제해야 한다.

2차적 사랑이란 무엇인가? 1차적 이웃사랑까지가 우리의 할 일이고 나머지는 성령님의 일이 된다면 그 이후로는 우리가 할 일은 없는 것인가? 여기에서 그리스도인들의 또 다른 이웃사랑이 필요해지는 것이다. 그것은 이웃의 구원을 위한 진정한 기도이다. 이웃들의 영혼을 섬겨야 한다면 우리가 할 일은 1차적 사랑과 함께 기도하는 것 이외에는 아무 것도 할 수 없다. 우리의 2차적 이웃사랑은 바로 간절한 기도인 것이다. 그것은 바로 하나님과 직접 화목하게 하는 일이 된다.

> 1차적 사랑과 함께 2차적 사랑을 행한다면 우선 기도하는 사람에게 우리의 마음이 쏠린다. 그러면 더욱 진실하게 섬기게 되고 기도가 더욱 간절하게 나오게 된다. 이웃은 우리의 보물이다. 이웃 영혼들을 보물로 알고 자기 자신과 같이 사랑하면 하늘에 보물이 쌓인다. 우리의 이웃들이 보물이라는 마음으로 사랑하는 것이 그리스도인의 이웃사랑인 것이다.

사도 바울의 이웃사랑

사도 바울의 사명과
우리의 사명은 동일하다.

> 바울이 이방의 빛이고 이방인의 사도이며 복음의 제사장이듯이 우리도 이웃의 빛이고 이웃의 사도요 복음의 제사장들이다. 바울처럼 이웃사랑을 위해 모든 어려움을 이겨야 한다.

　이웃사랑이란 이웃(이방인)들의 영혼을 하나님과 화목하게 하고 거듭나게 만들기 위해 몸과 마음으로 사랑을 베푸는 것이다. 궁극적인 목적은 이웃의 구원이다. 이웃을 구원시키는 일보다 더 큰 이웃사랑은 존재할 수 없다. 하나님께서 아브라함을 부르신 목적은 이웃사랑, 곧 이방인 구원을 위해서였다. 하나님은 무엇을 위해서 우리를 구원하셨는가? 이방인들이 우리로 말미암아 복을 받게 하시기 위함이었다. 하나님은 바울을 이방의 빛으로 삼아 땅 끝까지 구원하게 하시겠다고 말씀하셨다. 이방의 빛이 바로 우리가 이웃사랑을 몸소 실천해야 할 이유이자 목적이다. 바울이 이방의 빛이라면 우리는 이웃의 빛이다. 바울이 이방인의 사도이면 우리는 우리 이웃의 사도들이다. 바울이 아브라함의 복을 이방인에게 전달한다면 우리도 아브라함의 복을 이웃들에게 전달하는 통로들이다.

사도 바울은 스스로를 하나님의 복음의 제사장이라고 했고 이방인을 제물로 드린다고 했다. 바울은 제사장 지파가 아니었고 이방인은 부정하여 제물로 드릴 수 없다. 그렇다면 그 말은 이방인을 죄 사함을 받은 그리스도인으로 만든다는 것을 뜻한다. 우리는 이방인에게 파송된 사람들이다. 우리는 바울의 사명처럼 이웃의 눈을 뜨게 하고 사탄의 권세에서 건져내기 위해 자기 자신처럼 이웃을 사랑해야 한다. 하지만 그런 귀중한 일은 즐겁고 쉽기만 한 것은 아니다. 바울은 그가 당한 엄청난 박해와 심각한 고통을 설명한 바가 있다. 오로지 이방인들의 영혼을 위해 그렇게 한 것이다.

> 바울의 사명은 바울 자신의 뜨거운 사랑 때문이 아니었다. 그리스도를 너무나도 사랑했기 때문에 그리스도의 사랑으로 그렇게 한 것이었다. 우리가 그들을 사랑해야 하는 까닭은 우리도 그리스도의 사랑으로 구원에 이르렀기 때문이다. 이웃을 자기 자신처럼 사랑하는 우리의 삶을 통해 그들의 영혼이 구원을 받게 하는 것이 우리들의 궁극적인 이웃사랑이다.

세상 속에서의 이웃사랑

신앙인은 세상 이웃들과 전혀 다른 방향을 본다.

> 세상 사람들이 구하는 것은 이 세상이지만, 그것은 다 사라져버릴 것들이다. 신앙인은 사라져버릴 것을 추구하지 않기 때문에 이웃들과 다투지 않고 사랑할 수 있는 것이다.

　우리 이웃들은 모두 세상에 속한 사람들이다. 당연히 세속적인 가치관을 따라 살아간다. 세상은 이 땅에 목표와 목적을 두지만 그리스도인은 그 이상의 복을 누리는 사람들이다. 세상 사람들은 세상의 말을 듣게 되어 있다. 세상의 말이란 마귀의 모든 미혹을 따라 성공과 번영과 행복을 추구하게 만드는 모든 언어이다. 그것이 나쁜 이유는 모든 것이 하나님으로부터 멀어지게 만들기 때문이다. 세상 사람들의 눈에는 세상의 지혜가 더 뛰어나 보인다. 그러나 세상의 지혜가 아무리 뛰어나도 하나님께는 어리석을 뿐이다. 세상의 지혜는 세상을 살기에는 유용할 것 같지만 천국을 살아가기 위해서는 전혀 쓸모없는 지식에 그칠 뿐이다. 그리스도인의 이웃사랑은 하나님의 지혜를 드러내주는 가장 분명한 증거가 된다. 그리스도의 고난이라는 하나님의 놀라운 지혜는 그리스도인들의 이웃사랑을 통해서만 이웃들에게 알려질 수 있다.

하나님의 지혜인 이웃사랑은 세상의 눈으로 보면 어리석어 보일 뿐이다. 세상에게 지혜로워 보이고 싶다면 하나님의 감추어진 지혜를 보여줄 수 없다. 전도도 마찬가지이다. 이웃사랑은 직접전도는 아닐지 모르지만 본질적인 의미에서는 가장 분명한 전도이다. 이웃의 영혼을 사랑하기 때문에 행해지는 섬김이기 때문이다. 그러므로 이웃들이 우리를 미워해도 이상하게 여길 필요가 없다. 이웃들이 이해할 수 없는 방식으로 하나님의 사랑을 전하기 때문에 그들은 어리석어 보이고 쓸데없는 일만 하는 그리스도인들을 미워할 수 있다.

> 우리가 이웃을 우리 자신과 같이 사랑할 수 있는 이유는 이 세상의 것은 전부 다 사라져버릴 것이기 때문이다. 언젠가는 썩어 없어져버릴 것들이기 때문에 그것들은 보물이 아니라 연료이다. 세상의 것을 사랑하면 우상숭배가 될 뿐이다. 하나님을 사랑하려면 세상을 잡고 있던 손을 놓아야 한다. 그래야 하나님이 보이고 이웃의 영혼들이 보이게 된다.

이웃사랑의 초점에 관하여
출발하기

　그리스도인은 세상의 삶을 통해 영원한 천국으로 나아가는 사람들이다. 우리의 소유는 천국으로 가는 도구이다. 우리에게 주신 재능이나 능력은 세상의 성공과 번영을 위해 주시는 것이 아니라 영원한 천국을 위해 주시는 것이다. 우리의 진정한 이웃사랑은 누구에게 보이려고 할 필요가 없다. 사람에게 보이려고 한다면 하나님은 외면하실 수 있다. 우리는 나눔과 섬김으로 행하지만 그리스도의 사랑은 이웃들의 몸이 아니라 그들의 영혼에게 나타난다. 사도 바울의 고백처럼 이웃사랑은 재물과 재능과 자기의 삶까지도 내어주는 것이다. 우리를 필요로 하는 이웃이 나타난다면 그 모든 것을 다해서 사랑할 수 있어야 한다. 이웃과 형제를 많이 사랑할수록 우리는 하나님으로부터 더욱 많은 사랑을 받게 된다. 그리고 우리들도 천국의 기쁨을 품고 더욱 사랑할 수 있게 되는 것이다.

제14장
이웃사랑과 영혼사랑

복음은 결국 영혼에 모든 초점이 맞추어져 있다. 아무리 온 몸을 던져 이웃을 사랑했더라도 영혼을 사랑하지 않는 사랑이라면 하나님과는 별 관계가 없다. 그래서 이웃을 사랑한다는 말은 이웃의 영혼을 사랑한다는 말이 되어야 하는 것이다. 영혼을 사랑하려면 나눔과 섬김 등 삶에서 보여줄 수 있는 수단으로 사랑을 드러내야 하는데 그것이 바로 교회와 세상 사이의 육적, 영적 장벽을 허무는 수단인 것이다. 하지만 눈으로 보이는 그런 섬김으로만 이웃의 영혼을 섬길 수 있는 것은 아니다. 이웃의 영혼을 사랑하려면 내 자신의 영혼이 먼저 깨끗해야 한다. 그렇게 이웃 영혼들을 사랑하기 위해서는 성령님의 임재가 너무나도 필요하다. 영혼사랑이기 때문에 그렇다. 그래서 우리의 이웃사랑은 성령님의 구원사역을 돕는 것이어야 하는 것이다.

교회와 세상의 장벽

세상의 장벽을 느낄 수 없다면 그리스도인이 아니다.

> 세상이 교회를 바라볼 때 느낄 수 있는 교회의 장벽을 깨달아야 이웃사랑이 가능하고, 세상이 가지고 있는 영적 장벽을 이해해야 예수님처럼 그들이 되어줄 수 있다.

교회의 장벽은 너무나도 견고하고 높아서 세상이 교회로 들어갈 수 없다. 그래서 하나님께서 세상과의 장벽을 허물어주시기 위해 예수님을 보내셨다. 십자가에서 운명하실 때 지성소의 휘장은 위에서 아래로 찢어졌다. 하지만 세상의 장벽은 여전하다. 세상이 가지고 있는 죄악, 욕심, 시기, 욕망과 세상에서의 성공과 지배, 번영을 누리고자 하는 욕구는 여전히 깰 수 없는 장벽이다. 그런데 오늘날 교회가 오히려 장벽을 쌓고 있다. 교회의 거룩성은 영적으로 지켜야 하지만 오히려 종교적, 율법적으로 담을 쌓고 있다. 진정한 교회는 지역교회로서 세상 속에서 주민들 속에 섞여서 저들의 필요를 채워주는 기능을 감당해야 한다. 교회가 주민들과 삶을 공유하지 않고는 휘장이 찢어지는 일은 없을 것이다. 이웃을 자기 자신과 같이 사랑해야 하는 이유는 바로 이 교회의 장벽을 깨뜨리기 위함이다. 세상의 장벽은 문화 속에 뿌리박고 있는 영적 장벽들이다. 세상문화는 음주문화와 쾌락문화이다. 교회문화는 기도하고 교제하고 서로 사랑하는 것이다. 또 가치관, 세계관의 장벽이 있다. 인생의 목적이 다르고 삶의 목표가 다르다.

교회와 세상은 2중 장벽을 쌓아올린 채 대치하고 있다. 이 장벽을 허물어야 하나님의 구원계획은 성취된다. 어떻게 장벽을 깰 수 있겠는가? 그것은 그리스도의 방식과 동일하다. 그것은 사랑과 희생이었다. 가르침과 치유였다. 섬김과 본을 보임이었다. 우리에게는 이웃사랑의 섬김과 영혼사랑의 기도이다. 이웃을 섬기는 목적은 그들의 영혼을 구원하기 위함이다.

> 그리스도인의 이웃사랑은 교회의 장벽을 깨뜨려가는 과정이고 영혼사랑은 세상의 장벽을 허물어뜨려가는 과정이다. 이웃을 자기 자신처럼 사랑하는 삶을 통해 그들이 마음을 열고 성령님께서 임하시면 이웃 영혼은 구원에 이르게 된다. 우리의 삶을 통해서 그리스도의 사랑을 눈으로 보여주어야 한다. 그것이 그리스도인의 영혼사랑이다.

영혼사랑이란 무엇인가?
혼탁한 영혼으로는
이웃을 구원할 수 없다.

> 영혼사랑이란 영혼으로 영혼을 사랑하는 것이다. 그때 우리 영혼이 깨끗해야 예수님처럼 끝까지 이웃을 위해 책임을 다할 수 있다. 이웃사랑의 목적은 영혼을 구원하는 것이다.

신앙인들은 예배에 최선을 다하고 기도생활에도 힘을 쓰며 말씀을 어떻게든 자주 접하고 말씀대로 행하고 살아가려고 생각한다. 이런 모든 것은 결국 따져보면 자기 영혼을 사랑하는 일이다. 여러 가지 어려운 일과 고난을 만나도, 박해를 받아도 오히려 기뻐하고 기꺼이 감당하려는 것은 무엇 때문인가? 결국 우리 영혼을 지키고 사랑하기 위해서이다. 그래서 우리는 영적 싸움을 싸워야 하는 것이다. 영적 싸움은 우리 자신과의 싸움이다. 그리스도인의 삶은 자기 영혼을 지켜내는 싸움이다. 우리는 영혼을 사랑한다는 것이 무엇인지를 알면서 신앙생활을 해야 한다. 그렇지 않다면 다른 종교와 무엇이 다르겠는가? 복음을 받아들이고 그리스도를 따라가는 사람에게는 말 한 마디, 행동 하나하나가 전부 자기 영혼을 사랑하는 일과 직결되어 있는 것이다.

이웃사랑은 영혼사랑이다. 우리가 우리의 영혼을 사랑하지 못한다면 사실상 이웃의 영혼을 사랑하기는 어렵다. 우리는 우리의 영혼을 뜨겁게 사랑해야 한다. 그렇다면 이웃을 자기 자신과 같이 사랑하라는 말씀은 내가 내 영혼을 위해서 그렇게 애를 쓰고 노력한다면 다른 사람의 영혼도 내 자신의 영혼만큼 사랑해야 한다는 뜻이다. 어려운 이웃을 도와주는 차원이 아니라 그들의 영혼까지 걱정하고 사랑해주는 것이 진정한 이웃사랑이다. 우리는 누가 구원에 이르게 될지 전혀 알 수 없다. 그렇기 때문에 오히려 그리스도의 복음을 널리 전파하고 불신이웃들의 영혼을 사랑하게 되는 것이다.

우리의 영혼을 깨끗하게 하는 것도 진정한 이웃사랑이다. 이웃의 영혼을 사랑하기 위해서는 우리 영혼이 혼탁해서는 불가능하다. 우리의 영혼이 깨끗해야 이웃의 영혼을 우리 영혼처럼 사랑할 수 있게 된다. 우리는 이웃을 자기 자신처럼 사랑하고 그들의 영혼까지 사랑하는 사람들이다. 그리스도인의 이웃사랑의 목적은 저들의 영혼을 사랑하는 것이다.

구원과 이웃사랑

세상에서의 구원을 삶으로 보이는 것이 이웃사랑이다.

> 구원이란 죄, 죽음, 마귀, 세속에서의 구원을 모두 포함한다. 단지 죄 사함으로 모든 것이 끝나는 것이 아니다. 이런 구원을 사람들이 알게 할 때 이웃사랑은 완성되는 것이다.

인간의 구원이란 무엇으로부터의 구원인가? 물론 가장 핵심적이자 생명이라고 할 수 있는 죄로부터의 구원이 중심이다. 구원은 우선 죄로부터의 해방이다. 이웃을 사랑한다는 말은 저들이 죄를 사함 받아 구원받는 길로 이끌어준다는 말이다. 그것이 이웃사랑의 본질이다. 구원은 또한 죽음으로부터의 구원이다. 복음이 말하는 완전한 구원은 죽음 이후에야 가능해진다. 영원한 목숨을 살리기 위해 한시적인 목숨을 포기하라고 하신다. 그것이 구원이라는 것이다. 또한 구원은 마귀로부터의 구원임을 알아야 한다. 원래 사람은 전부 마귀의 종들이었다. 구원은 우리의 원래 주인이었던 마귀로부터 자유로워지는 것이다. 그래서 마귀는 언제나 죽을힘을 다해 성도들을 미혹하고 불신 이웃들을 붙잡고 있는 것이다. 인간구원은 단지 죄로부터의 구원이나 죽음으로부터의 구원이 아니라 세속적인 삶으로부터의 구원까지 나아가야 한다. 그래야 마귀로부터의 구원이라는 개념이 성립되는 것이다.

기독교의 구원 개념은 인간의 영혼만을 구원하시는 것이 아니라, 인간의 전 생활과 전 영역과 미래까지 구원해 주시는 전인적인 구원임을 인식해야 한다. 즉, 구원에 합당한 삶의 열매를 맺어 하나님께 영광을 돌려야 할 책임이 있는 것이다. 영혼구원이란 이런 모든 구원의 근원이자 본질이다. 육체를 훈련함으로써 외적으로는 구원받은 사람의 겉모습을 보여줄 수도 있지만 영혼이 구원받지 못한 상태라면 단지 생활훈련 밖에는 되지 못한다.

> 세속에서의 구원이 바로 이웃사랑이요 영혼사랑이다. 세속적인 삶에서 구원을 받았다는 것은 마귀가 아니라 하나님의 말씀을 따른다는 것이며, 그 구원을 삶으로 보여준다면 하나님께 영광을 올려드리고, 세상의 이웃들에게도 하나님의 사랑을 전하고 복음을 보여주는 것이 된다. 이웃사랑과 영혼사랑은 세속에서의 구원의 큰 증거가 되는 것이다.

어떻게 구원하시는가?

이웃사랑을 공로로 생각하면 성령님이 임하실 수 없다.

> 우리가 받은 구원은 전적으로 하나님의 선물이다. 예수님을 따라 일체의 오래 참음으로 이웃을 섬겨야 하지만 모든 결과를 성령님께 맡길 때 겸손하게 사랑할 수 있다.

이웃의 영혼을 진정으로 사랑하려면 하나님의 구원의 방식을 알아야 한다. 하나님께서 택하시는 사람들이 구원받는다. 그 사람들이 누구인지 우리는 전혀 알 수 없다. 그래서 차별 없이 누구나 사랑할 수 있는 것이다. 인간의 구원은 전적으로 하나님의 선물이다. 인간구원은 철저하게 하나님의 사랑의 결과이지 사람의 능력이나 공적에 의한 것이 아니다. 하나님의 선물이 아니라면 자기 자신을 자랑하고 자기를 내세울 것이다. 자기 공로를 자랑하면 하나님과의 관계는 망가질 것이다. 실질적으로 인간을 구원하는 방식은 하나님의 말씀이다. 예수님을 믿는 계기는 여러 가지이지만 하나님의 말씀이 그 속에 들어가지 못하면 구원은 이루어질 수 없다. 이웃사랑과 영혼사랑도 마지막에는 반드시 말씀으로 결론지어져야 한다.

우리들에게 요구되는 것은 예수님의 오래 참으심을 본받으라는 것이다. 그렇지 못하면 진정한 의미의 이웃사랑이 아니다. 이웃의 영혼을 위해 기도하되 가능하면 끝까지 기도의 끈을 놓지 말고 간절하게 기도를 지속해야 한다. 예수님은 십자가에 못 박히시고 조롱당하시는 데까지 끝까지 참으셨다. 이런 모든 구원의 과정들을 총망라하는 능력이 필요한데 그것은 성령님의 능력이다. 믿음은 믿을 수 없는 것을 믿는 것이기 때문에 사람의 이론이나 설득으로는 불가능하다. 그 사람을 위해 대신 죽는다고 해도 구원할 수 있는 것은 아니다. 머리로 이해하지 못해도 성령님께서 감동을 주시면 믿을 수 있게 되는 것이고, 금식하고 철야하면서 간절히 기도한다고 해도 성령님께서 일하지 않으시면 구원은 일어나지 않는다.

> 구원의 과정은 전적으로 하나님의 주권이다. 구원받을 사람도, 언제까지 참으시는가도, 누구를 통해 구원하시는가도 하나님의 주권이다. 이런 모든 과정을 성령님께서 간섭하시고 인도해 가신다. 그러므로 이웃사랑은 성령님께서 불신 이웃들의 마음속에서 일하시도록 도와드리는 것이다.

어떻게 성령님을 도울 것인가?

우리에게 주신 은사는
성령님을 돕기 위한 것이다.

> 우리의 일을 위하여 성령님께 비는 것이 아니라 성령님의 일을 감당하기 위해 기도하는 것이다. 그리고 우리가 성령님을 가장 크게 돕는 길은 이웃을 위한 간구와 기도이다.

하나님은 우리를 사랑하셔서 십자가에 못 박히셨다. 그 하나님의 사랑으로 이웃을 사랑하라고 하시지만 실제 삶에서는 거의 불가능하다. 그래서 그리스도의 사랑으로 사랑하라는 것이다. 그리스도의 마음을 우리 속에 채워서 그것으로 이웃을 사랑하는 것이다. 성령님의 능력이라면 가능하다. 이웃과 그 영혼들을 사랑하는 모든 일들은 실질적으로는 성령님을 도와드리는 일이다. 우리도 성령님을 도와드린다고 생각할 때 비로소 하나님의 일은 이루어지기 시작한다. 우리는 성령의 아홉 가지 은사에 대해서 잘 알고 있다. 왜 이런 은사를 주시는가? 성령님의 일을 도우라고 주시는 것이다. 성령님께서 능력도 열정도 사랑도 부어주시지만 이것을 감당하는 성도가 행하는 일들은 전부 성령님을 도와드리는 일들이다.

우리가 이웃의 영혼을 사랑하는 일에 성령님을 도와드릴 수 있는 가장 확실한 수단은 무엇인가? 우리가 관심과 사랑과 배려와 헌신으로 우리 속에 있는 그리스도의 사랑을 보여야 하는 것은 기본이고, 거기에 더해서 반드시 우리가 해야 할 일은 기도이다. 아무리 몸이 부서져라 하고 이웃을 섬겨도 성령님께서 임하지 않으시면 아무 일도 일어나지 않는다. 이웃을 사랑한다고 해서 모든 사람이 구원받는 것은 아니다. 그러나 우리는 맡겨주신 영혼들을 위해서 간절히 기도하지 않으면 안 된다. 기도는 성령님과 하나 될 수 있는 강력한 수단이기 때문이다. 항상 성령 안에서 기도와 간구하기를 애써야 한다. 성령이 아니시면 우리의 기도는 그냥 허공을 맴돌 뿐이다.

> 이웃영혼을 위해 기도할 때에도 반드시 이웃을 자기 자신과 같이 사랑하는 영성이 들어가야 한다. 예수님께서 땀방울이 핏방울이 될 정도까지 간절하게 기도하신 그런 마음을 가져야 한다는 말이다. 우리의 기도를 돕기 위해 성령님께서도 말할 수 없는 탄식으로 함께 기도하신다고 하지 않았는가?

이웃사랑과 영혼사랑

출발하기

　이웃사랑은 열심히 하면 좋고 하지 않아도 손해될 것이 없는 것이 아니다. 우리의 삶이 이웃사랑의 개념으로 펼쳐지지 않으면 하나님께서 원하시는 이웃사랑에는 턱없이 모자랄 수밖에 없다. 왜냐하면 단순히 돕고 나누는 마음으로는 그리스도의 사랑을 깨닫지도 못하고 삶으로 전달할 수도 없기 때문이다. 아울러 우리가 가슴으로 품고 기도해야 하는 영혼사랑은 자기 자신이 멸망의 길로 가고 있다는 마음으로 간절하고 끈기 있게 기도함으로써만 성령님의 일을 감당할 수 있게 되는 것이다. 우리가 이웃의 영혼을 사랑하지 못한다면 우리의 이웃사랑도 겉모습에 그칠 것이다. 그들의 영혼을 사랑하는 것이기 때문에 그들의 저항이나 비난이나 박해에도 견딜 수 있는 것이다. 우리는 이웃의 영혼을 사랑하는 사람들이다.

제15장
영혼사랑과 영적 싸움

세상은 성령님과 마귀의 영적 싸움의 한복판에 있다. 그리스도인의 이웃사랑이 영혼사랑일 때에 마귀의 대적이 극심하게 나타나는 것이다. 곧 그리스도의 사랑으로 이웃 영혼들에게 다가갈 때 마귀는 불신영혼을 빼앗기지 않으려고 할 뿐만 아니라 그리스도인들의 모든 행동을 훼방하게 될 것이라는 말이다. 이 세상의 영적 싸움은 바로 영혼구원을 향한 치열한 싸움이라는 사실을 알아야 한다. 우리는 하나님께 속하였고 세상은 마귀에게 속해 있기 때문이다. 자기 믿음을 지키려는 스스로와의 싸움은 하나님과의 관계가 중심이 되고, 이웃의 영혼을 사랑하기 위해 싸워야 하는 싸움은 이웃과의 관계가 중심이 될 것이다. 이웃사랑과 관련되는 영적 원리를 알지 못하면 이웃의 영혼을 끝까지 사랑할 수 없게 될 것이다.

영적 싸움의 대상

마귀의 존재를 모른다면
이웃사랑은 불가능하다.

> 마귀는 예수님의 신성과 인성을 부인하게 만든다. 그렇게 해야 성도들의 이웃사랑이 흔들리기 때문이다. 마귀는 주로 거짓을 사용하지만 우리는 우리와 이웃 영혼을 지켜야 한다.

마귀는 눈에 보이는 형태가 아니라 화려한 모습이나 쾌락적인 모습, 또는 권력의 모습이나 지도자의 모습으로 나타날 수도 있다. 그런데 혈과 육으로는 마귀를 상대할 수 없다. 그리스도인의 승리는 오직 하나님께서 싸워주실 때 가능해진다. 그래서 우리의 싸움은 하나님을 강하게 신뢰하고 의지하기 위한 싸움인 것이다. 마귀의 가장 강력한 무기는 거짓이다. 하나님은 결코 거짓을 사용하지 않으신다. 그리스도의 사랑을 가슴에 품고 이웃 영혼들을 위해 기도하면서 섬기면 마귀는 불신 영혼들을 빼앗기지 않으려고 각종 거짓과 이단 사설들과 세상의 이치와 사상으로 공격한다. 결론적으로 속임수, 과잉 및 축소, 불분명한 추론, 비난, 고소 등 진실이 아닌 거짓을 동원하는 모든 행위들은 하나님의 미움을 받는다.

거짓으로 미혹하는 마귀들의 훼방을 분별하고 이기는 길은 예수님이 하나님의 아들로서 우리 죄를 위해 십자가에 못 박혀 돌아가셨다는 사실을 믿는 믿음밖에는 없다. 그 믿음이 우리의 생명이다. 예수님은 목숨을 주심으로써 마귀를 이기셨다. 이 그리스도의 승리를 의지함으로써만 마귀에게 승리할 수 있다. 영적 싸움은 이웃들이 이 승리를 믿도록 수고하는 사랑과 희생과 헌신을 훼방하는 마귀의 거짓으로부터 우리와 이웃을 지키기 위한 싸움이다. 그리스도의 사랑을 말과 행동과 삶으로 보여주는 것이 이웃사랑, 영혼사랑이다. 그리고 이웃사랑, 영혼사랑, 복음전파를 행한 후에 넘어지지 않기 위해 더욱 애쓰고 힘쓰라는 것이다.

> 이웃사랑, 영혼사랑의 사명 때문에 지치고 넘어질지도 모르는 모든 일에 승리하기 위해 영적 싸움의 전신갑주를 입어야 한다. 영적 싸움의 전신갑주는 당장의 전투뿐 아니라 이웃 영혼들을 사랑하는 일에서 승리하기 위해서이고, 그 후에 승리의 면류관을 얻기 위해서도 반드시 무장해야 할 영적 복장이다.

세상 풍조와의 싸움

세상의 지혜나 숫자로 대적하면 틀림없이 실패한다.

> 영적 싸움은 세상과는 전혀 다른 방식으로 싸워야 한다. 자기는 지혜로운 것 같아도 마귀를 따라가기 쉽다. 교회 안에도 세상의 방식이 들어있기 때문에 성령으로 분별해야 한다.

우리는 과거에 세속, 곧 이 세상풍조를 따라다녔다. 그러나 거듭난 이후에 깨닫고 보니까 그것은 공중의 권세를 잡은 자들, 곧 불순종의 영을 따라가는 것이었다. 어려운 이웃들을 그리스도의 사랑으로 돌보아야 하지만, 그들 속에 흐르고 있는 세속의 의식에 대해서는 충분히 경계해야 한다. 세상풍조와 직결되는 것이 세상의 전통이다. 모든 전통들은 하나님 없이 철학과 사상과 헛된 속임수와 세상의 초등학문을 따른 결과이다. 교회는 거룩한 것 같지만 율법과 복음을 혼동하면 오히려 세상 전통을 따르는 결과로 나타나기도 한다. 교회가 대형화, 번영화를 추구

한다면 그것은 세속을 따라가는 것이다. 이웃을 자기 자신과 같이 사랑하되 자신의 영적 거룩성을 지켜내지 못한다면 오히려 마귀의 공격을 받고 영적 싸움에서 실패할 수밖에 없게 될 것이다.

오늘날 섬김의 본을 보이는 신앙인들이 무수하게 존재하지만, 사회문제 앞에서 그 이웃들을 사랑하기 위해 복음의 본질을 훼손하는 사례들도 수없이 나타나고 있다. 이웃을 진정으로 사랑하다가 영적인 분별력을 잃어버리고 그들의 화려함과 편리함에 마음을 빼앗길 수 있다. 이웃을 사랑하면서 빠지기 쉬운 함정은 세상이 더 지혜로워 보인다는 것이다. 그러나 하나님의 지혜는 하나님께서 하시도록 우리를 비워드리는 것이다. 세상 지혜는 쌓는 지혜이지만 하나님의 지혜는 버리는 지혜이다. 버려야 하나님의 능력과 힘이 임하기 때문이다.

> 어디까지 이웃과 함께할 것인가를 분별하지 못하면 오히려 이웃의 혼탁한 영에 말려들 수 있다. 이웃사랑이란 영혼사랑이라는 사실을 깨달으면 우리가 영적 싸움의 한복판에 들어가 있음을 인식해야 한다. 물론 우리는 승리한다. 영적으로 잘 분별하여 세상 풍조 속에서도 바른 신앙을 지켜나간다면 우리는 전혀 두려워할 필요가 없다. 마귀는 협박은 하겠지만 결코 우리를 해치지는 못한다.

고난과 능욕과의 싸움
고난은 실패가 아니라
승리하고 있다는 증거이다.

> 고난과 능욕을 이길 수 있는 것은 그것이 주의 일이기 때문이다. 고난은 영혼을 구원하기 위한 지름길이다. 우리가 약한 것을 자랑해야 하나님을 의지하고 복음을 전파할 수 있다.

주님이 아니라 자기를 위하는 사람은 절대 끝까지 견디지 못한다. 믿음이란 삶과 죽음까지 하나님께 전부 맡기는 것이다. 단지 그리스도를 주로 고백하는 정도로 구원을 받을까? 시작은 될지 몰라도 그것만 가지고 마지막에 구원받을 수 있을지는 미지수이다. 주를 위한다는 것은 구체적으로 복음을 위하는 것이다. 복음이 곧 주님이다. 그리스도인은 적어도 복음을 위해 고난을 받아야 한다. 바울은 고난과 능욕을 견뎌야 하는 이유를 복음을 전하기 위해서라고 말한다. 세상과 싸워서라도, 감옥에 갇혀서라도, 매를 맞으면서라도 전해야 할 것은 복음이다. 우리가 이웃을 자기 자신처럼 사랑해야 하는 이유는 우리의 사랑을 통해 하나님의 크신 사랑을 깨닫게 하기 위해서이다. 복음이란 그리스도의 십자가 희생이다. 이웃 영혼들에게 그것이 전달되지 않는다면 그것은 진정한 사랑인가?

우리는 우리를 통해 그리스도의 사랑을 세상에 비추기 위해 이웃을 자기 자신처럼 사랑한다. 그것이 본질이다. 마귀가 지배하는 세상에서 그리스도의 사랑의 모습을 보이기 위해서는 삶이 따라야 한다. 그냥 교회 다니는 삶이 아니라 그리스도의 사랑의 모습을 나를 통해 드러내는 삶이어야 한다. 이웃사랑, 영혼사랑의 본질을 따라 삶으로, 인격으로, 행동으로, 실천으로 보여주어야 온전한 복음이 전파될 수 있을 것이다. 이웃의 영혼을 사랑한다면 그들을 지배하는 마귀와 대적해야 한다. 거기에 거의 필연적으로 따라오는 고난과 능욕을 견뎌야 하나님의 복음은 이웃들에게 전파될 수 있는 것이다.

이 모든 것 위에 자신의 약한 것을 순수하게 고백해야 한다. 자기의 강한 것을 자랑하면 하나님을 의지하지 못하게 되기 때문이다. 하나님께 의지할 때에만 하나님의 능력으로 마귀에게 승리할 수 있다. 우리의 이웃사랑은 분명한 영적 싸움이다. 이웃 영혼들을 사랑하려고 하면 반드시 어려움을 만난다. 그것이 그리스도인의 삶의 자연스러운 모습이다.

대적하는 싸움

원수사랑은 마귀에게
가장 치명적인 공격이다.

> 원수사랑이 바로 마귀를 대적하는 방식이다. 예수님의 십자가처럼 오직 하나님의 주권에 맡길 때에 담대하게 마귀를 대적할 수 있다. 하지만 그것은 용서와 이웃사랑의 방식이다.

하나님께 복종하는 것이 마귀를 대적하는 것이다. 마귀를 대적하기 위해 하나님께 복종하는 것이 아니다. 그러니까 마귀를 대적하지 않는 것은 하나님의 뜻에 어긋난다는 말씀이다. 말씀대로 순종하지 않으면 마귀가 달려들 까닭이 없다. 마귀는 틈을 보이면 반드시 우리를 삼키려고 한다. 물론 마귀는 직접 해칠 수 없고, 유혹하고 미혹하고 협박하고 두려움과 염려로 공격할 뿐이다. 하나님만 의지하고 있으면 그 어떤 공격이라도 걱정할 필요가 없다. 사도 바울은 마귀를 대적하기 위해 하나님의 전신 갑주를 취하라고 했다. 전신갑주는 전부 방어무기이고 말씀의 검만이 공격용인데 그것마저도 방어하기 위해 사용한다. 말씀에 순종하고 실천하는 것이 마귀와 싸우는 수단이 되는 것이다.

마귀의 간계를 대적하는 실제적인 이유는 무엇인가? 뜨겁게 기도하고 예배를 철저하게 드리기 위해서? 맞는 말이지만 틀린 말이기도 하다. 영적 싸움을 싸워야 하는 최종목적은 영혼구원이다. 물론 그리스도인 자신의 신앙의 거룩성을 지키기 위해서도 대적해야 한다. 하지만 그런 모든 것들도 우리가 그리스도인다운 삶의 본을 세상에 그대로 보이고 깊은 영성을 유지하기 위해서인 것이다. 예수님은 치유하시고 가르치시고 선포하심으로써 영혼사랑의 본을 보여주셨다. 그것은 마귀에게 대적하시는 일들이었다. 그리스도의 사랑의 방식이 마귀에게 치명타가 되는 것이다.

> 이웃을 사랑하는 최후의 방식이 바로 원수를 사랑하는 것이다. 원수를 원수로 대적하면 우리는 마귀에게 대적할 수 없다. 그러나 원수들을 도와줄 때 그것은 명백하게 마귀를 대적하는 일이 된다. 원수와도 같은 사람의 영혼을 바라보면 우리는 그를 사랑할 수 있게 된다. 원수를 사랑하면 마귀에게는 뜨거운 숯불을 그 머리에 쌓는 것과 같게 된다. 이웃 영혼을 사랑할 때 우리는 마귀의 대적자로서 승리하게 되는 것이다.

하나님의 능력으로 싸움

능력 있다고 생각하면
가장 능력 없는 사람이다.

> 이웃사랑은 우리의 능력이 아니라 하나님의 능력으로만 가능하다. 자기 힘으로 마귀와 싸우는 사람은 어리석은 사람이고 마귀에게 넘어간 사람이며 결코 승리할 수 없다.

우리 스스로는 대항할 수 없는 마귀는 하나님의 힘과 능력으로만 이길 수 있다. 왜 고난과 역경과 능욕을 참아야 하는가? 왜 하나님의 전신갑주를 입어야 하는가? 왜 원수를 사랑하고 그들을 위해 기도해야 하는가? 모두 하나님의 힘을 의지하기 위해서이다. 우리의 모든 싸움에는 오직 사랑이라는 무기밖에는 없다. 하나님께서는 우리가 사랑으로 마귀와 싸워서 이기도록 해주신다. 이웃 영혼들을 사랑하려고 하면 마귀는 어떤 형태로든 반드시 어려움과 역경을 줄 테지만, 그럴수록 우리는 하나님의 능력에 의지해야 한다. 이웃사랑이든 영혼사랑이든 '내'가 하려고 하면 실패하게 되어 있다. 우리가 고난을 받을 때 하나님의 능력은 가장 강하게 나타난다. 어려운 상황일수록 하나님은 능력을 매우 강하게 나타내주신다.

마귀의 목적은 인간들이 멸망하도록 만드는 것이다. 할 수 있는 모든 수단들을 총동원하여 사람들을 멸망에 내버려두게 만드는 것이다. 그런데 그리스도인들이 불신영혼들을 구원해내려고 하면 마귀가 가만히 있겠는가? 마땅히 영적 싸움이 크게 일어날 수밖에 없는 것이고, 영혼들을 사랑하는 그리스도인들에게는 온갖 훼방으로 활동을 가로막지 않겠는가? 그리스도인이란 영혼을 사랑하는 사람들이다. 영혼을 사랑하는 사람들은 마귀가 장악하고 있는 불신 이웃들의 영혼구원을 위해 다가가도록 애쓰는 사람들이다. 이웃사랑은 영혼사랑의 가장 핵심적인 통로가 되는 것이다.

> 복음을 말로 전하든 봉사로 전하든 하나님의 말씀, 하나님이 주시는 힘으로 감당해야 한다. 이웃을 자기 자신과 같이 사랑하는 일을 자기 힘으로 감당하려고 하면 실패하게 되는 것이 하나님의 일이다. 하나님의 일은 하나님의 힘과 능력으로 하는 것이 당연하다. 영혼들을 섬기고 기도하는데 어려움이 따르고 문제가 생기는 것은 지극히 당연하다. 우리들의 이웃사랑은 영혼사랑이고 영혼사랑은 영적 싸움이다.

영혼사랑과 영적 싸움

출발하기

　영혼사랑은 너무나도 당연하게 영적 싸움으로 옮겨가게 된다. 이것을 모르면 이웃사랑이든 전도이든 제대로 감당하기가 몹시 어려워진다. 이웃의 영혼들을 사랑하려고 하면 알게 모르게 어려움이 오고 문제가 생기고 힘들어지고 상황이 복잡해질 수 있다. 이것을 당연하게 여기고 하나님의 말씀을 의지하지 않으면 이웃사랑은 끝까지 감당할 수 없게 된다. 영적 싸움의 승리의 비결은 무엇인가? 인간적인 수단이 아니라 하나님의 능력으로 해결하는 것이다. 그리스도인의 영적 싸움은 세상적인 논리나 힘을 의지하면 실패하게 되어 있다. 마귀는 절대로 행할 수 없는 원수사랑 같은 것을 행하게 되면 그것은 마귀에게 치명타가 된다. 세상의 힘이나 권력이나 능력이나 재능이 아니라 오직 하나님만을 의지하는 것이 모든 영적 싸움의 비결인 것이다. 우리는 그렇게 이웃을 사랑한다.

제16장
영혼사랑의 실천적 방법들

마지막으로 영혼사랑의 실제적 방법들에 대해서 살펴보아야 한다. 교회와 성도들이 전통적으로 행해왔던 행위들에 대해 그 목적이나 동기, 방법론들을 하나님과의 관계에 비추어 보지 못한다면 진정한 영혼사랑은 시작될 수 없다. 그리스도의 마음으로 이웃 영혼들을 바라보고 그리스도의 자세로 섬기지 못한다면 우리의 이웃사랑은 어쩌면 단지 목표성취의 발로에 그칠 수도 있을 것이다. 이웃사랑은 그리스도의 생명 나눔으로부터 시작되는 최고의 영적 행위이다. 이웃사랑, 영혼사랑의 방법론을 말하기 이전에 본질과 생명력을 회복해야 하는 것이다. 가장 기본적인 준비가 바로 올바른 신앙의식을 확보하는 것이다. 그럼에도 불구하고 이웃사랑의 원리를 제시하는 것은 매우 중요하다. 영혼사랑의 바른 길을 가르쳐주는 것이기 때문이다.

비움과 나눔

예수님의 비움인가, 바리새인의 비움인가?

> 그리스도인의 나눔은 가장 낮은 곳으로의 비움일 때 충만해질 수 있지만 자기공로로 생각하고 나눈다면 아무 의미가 없어질 뿐 아니라 오히려 바리새인들처럼 외식하는 사람이 될 수도 있음을 깊이 깨달아야 한다.

이웃사랑의 첫 단계는 비움으로부터 시작되어야 한다. 자기를 온전하게 비우지 못한 상태에서는 아무리 희생적인 모습을 보여준다고 해도 인간의 욕구로 채워지게 된다. 비움의 원형은 그리스도의 비움이다. 하나님의 아들 예수님조차도 모든 것을 비우지 않으셨다면 그리스도가 되실 수 없었을 것이다. 희생 없는 나눔은 그리스도의 사랑에 비추어볼 때 온전한 사랑이 아니다. 나눔에 초점이 있는 것이 아니라 심령 가운데 있는 그리스도의 사랑에 초점이 있는 것이다. 우리의 이웃사랑은 철저하게 목숨을 희생하면서 이웃을 살리려는 예수 그리스도의 비움의 원리가 그대로 적용되어야 한다. 우리의 목숨은 우리의 것이 아니다. 그리스도께서 우리 목숨을 사셨기 때문이다. 예수님의 이런 마음을 품어야 참다운 의미의 나눔을 실천할 수 있다. 하나님은 그것을 기뻐하신다.

이런 기본적인 원리로부터 출발하는 그리스도인의 나눔은 분명히 하늘의 창고에 보화로 하나하나 쌓인다. 아무리 많은 것을 나누고 섬겨도 목숨을 버리고 자기를 낮추는 그리스도의 사랑을 품고 행하지 않는다면 사람들로부터는 칭찬을 받을지 몰라도 하늘에는 아무 것도 쌓을 수 없다. 나눔은 반드시 하나님 앞에 상달된다. 이방인 백부장인 고넬료를 하나님께서 왜 기억하시겠는가? 그의 기도와 구제 때문이었다. 그것은 이웃을 사랑하는 영혼사랑의 출발점이다. 결국 고넬료의 구제는 급기야 성령님의 이방인 임재라는 역사적인 사건을 만들어내게 된다. 비움으로부터 나눌 때 하나님은 기억하신다.

> 우리는 이웃들에게 나눔을 실천할 때에 반드시 성령님의 임재를 위해 기도해야 한다. 비움으로부터 출발하는 나눔은 그리스도의 이름으로 성령님의 능력을 힘입어 행할 때에 이웃사랑과 영혼사랑의 목적을 위해 움직일 수 있을 것이고, 우리의 나눔이 영혼구원의 귀중한 통로가 될 수 있을 것이다.

낮춤과 섬김

남을 낮게 여기지 못하면 참된 섬김은 불가능하다.

참된 섬김은 예수님께서 십자가에 달리셔서 대속물이 되어주신 것처럼 충분히 낮아져서 섬기는 것이다. 어린아이를 영접하듯이 자기를 낮추지 못하면 섬김은 일어날 수 없다. 다른 사람의 장점을 발견하고 자기보다 낮게 여길 수 있어야 한다.

나눔이 그리스도의 목숨을 버리신 비움과 버림의 영성으로 이루어져야 참된 의미를 지니는 것과 마찬가지로, 섬김은 사람들 앞에서 스스로 자기를 낮춤으로써만 가능해진다. 섬김의 출발점은 그리스도의 낮춤이다. 자기를 비우신 그 사랑으로부터 나눔이 시작되지만, 종의 형체를 취하심으로써 낮아질 대로 낮아지심을 통해 섬김을 이루실 수 있었던 것이다. 주님의 섬김은 죽음의 섬김이었다. 예수님의 섬김이 대속물로서의 섬김이라면 우리 그리스도인의 섬김도 대속물로서의 섬김이어야 한다.

우리는 대속물의 원리로 이웃을 섬김으로써 그리스도의 죽음의 사랑을 전달하는 사람들이다. 그래서 예수님은 지속적으로 자기를 낮출 것을 명하고 계신다.

예수님은 어린아이들을 영접하는 것이 곧 예수님을 영접하는 것이고 그것은 하나님을 영접하는 것이라고 말씀하신다. 예수님께서 종의 위치에까지 낮아지지 않으셨다면 사람의 구속은 당연히 이루어지지 못했을 것이다. 우리의 불신이웃들은 전부 영적으로 죽어있는 사람들이다. 그들을 깨우는 일은 사랑과 섬김으로밖에는 될 수가 없다. 예수님의 섬김은 하나님 앞에서의 섬김이며 제자들에게 사랑의 본을 보여주시는 섬김이다. 사도 바울은 겸손한 마음으로 다른 사람을 낮게 여겨야 섬김이 가능하게 된다고 가르친다. 만약에 그 사람의 약점이 발견된다면 오히려 그 약점을 메우려고 애를 쓰게 될 것이다. 그것이 진정한 섬김인 것이다.

> 성경 속의 권면들은 대개 교회 안의 형제들에 관한 섬김을 이야기한다. 그리스도의 섬김의 자세는 우선 교회공동체 안에서 훈련되어야 하는 가치원리들이기 때문이다. 그러나 그것은 동시에 교회 밖의 이웃 영혼들을 대하는 기본자세와 동일하다. 우리가 만나는 이웃들에게는 적어도 우리를 최대한 낮추고 그리스도의 섬김의 자세로 겸손하게 섬겨야 한다.

구원을 위한 간구

이웃 영혼을 위해
얼마나 간절히 기도해 보았는가?

> 원수와 박해자와 저주하고 모욕하는 자를 용서하고 기도해야 하는 이유는 이웃들이 그리스도의 사랑을 깨닫게 하고 하나님께는 영광을 돌려드리기 위해서이다. 그 기도는 무엇보다 더 간절한 기도여야 하는데 성령님의 능력으로 가능해진다.

한 사람의 영혼을 위해서 실질적으로 필요한 것은 그 사람의 구원을 위한 간구이다. 성령님께서 일하지 않으시면 그 어떤 사람이라도 구원을 받을 수 없기 때문이다. 그러므로 나눔과 섬김을 다 덮을 만큼 간절한 기도가 반드시 필요하다. 예수님은 원수를 갚지 말고 사랑하라고 하셨다. 원수를 왜 사랑해야 하는가? 원수의 영혼을 위해서이다. 박해하는 사람을 위해 무슨 기도를 하겠는가? 거기에서도 남는 것은 그 사람의 영혼이다. 모욕하는 사람들을 위해 기도하라는 말씀도 마찬가지이다. 당연히 그 모욕하는 사람이 우리의 사랑을 받고 회개하여 영혼을 구원받게 하기 위해서이다. 이 모든 일들은 전부 하나님께 영광을 돌려드리기 위해서 행해야 한다. 우리의 나눔과 섬김이 이웃을 구원시키지 못한다고 하더라도 우리는 그리스도처럼 살았기 때문에 하나님은 영광을 받으신다.

이제 남는 것은 기도를 어떻게 해야 하는가이다. 이웃의 영혼들을 위해 기도할 때에는 우리 자신이 급박한 곤경에 처했을 때 그것을 벗어나기 위해 절박하고 간절하게 구하는 것처럼 기도해야 한다. 모든 기도에는 간절함이 필요하지만 특히 이웃 영혼들을 위해 기도할 때에는 무엇보다 더 간절한 심령으로 기도해야 한다. 그것이 이웃을 자기 자신과 같이 사랑하는 일에 있어서 최고 수준의 사랑이다. 그 사랑이 바로 그리스도의 사랑이다. 마치 수로보니게 여인이 자기 딸을 위해 모든 모욕과 수치에도 개의치 않고 부스러기 은혜라도 간절하게 소리 질러 구했던 것과 같은 기도인 것이다.

> 적어도 이웃사랑, 영혼사랑을 말하려면 생명이라도 거는 것과 같은 간절하고 애끓는 마음이 있어야 한다. 이런 마음으로 기도해야 우리의 영혼사랑은 그 영혼을 자기 자신처럼 사랑하는 진정한 사랑이 될 것이다. 이웃 영혼을 위해서라면 단 한 번이라도 이런 기도를 드려야 하지 않겠는가?

복음 전파

보이는 이웃사랑은
가장 강력한 복음전파이다.

> 이웃사랑의 최종 목적은 복음이 전파되어 그들의 영혼이 구원받게 하는 것이다. 말로 하는 복음보다 삶으로 보여주는 복음이 훨씬 강력하고 구체적이며 효과적이다. 모든 어려움을 다 감수하고라도 이웃을 사랑할 때 복음은 확실하게 전파된다.

그리스도인의 이웃사랑의 결국이 복음전파여야 한다는 말은 그리스도인의 삶의 핵심이 살아있는 복음이어야 한다는 말이다. 복음의 핵심이 바로 이웃사랑이다. 복음이 하나님의 나라로 들어가는 통로이기 때문이다. 그리스도인들은 자기가 서 있는 곳을 세상의 끝으로 알고 복음적 삶을 사는 사람들이다. 복음이란 순종할 때에만 살아있는 복음이 된다. 말씀을 전파한다는 것은 말씀에 순종한다는 것이다. 복음에 순종할 때 그 자체가 능력이 되고 힘이 되는 것이다. 복음이란 듣기만 하고 행하지 않으면 그 복음이 오히려 우리를 속이게 된다. 우리는 복음으로 거듭난 사람들이다. 복음의 힘과 능력에 의해 복음의 생명력을 소유한 사람들이 된 것이다. 그렇다면 그 복음의 생명력이 우리를 통해 살아나야 하지 않겠는가?

복음은 다양한 방법으로 이웃들에게 전파된다. 기본적으로는 나눔과 섬김을 통해서 복음의 생명력이 전파된다. 그리스도께서 목숨을 내어주신 극진한 사랑으로 이웃을 돌보는 섬김이 가장 핵심적인 복음전파의 통로이다. 하나님의 최상의 복음은 하나님께서 이 땅에 오셔서 생명을 버리시고 십자가에 죽으신 것이다. 그리스도의 복음을 소유하고 있으면서도 세상을 따라 산다면 그 사람은 거듭난 사람인가? 성경에는 싸우면서도 복음이 전파되어야 하고 고난을 당하더라도 전파해야 한다고 가르치고 있다. 심지어 자기의 유익을 위해서 다투는 사람들을 통해서조차 복음은 전파되어야 한다.

> 성경은 때를 얻든지 못 얻든지 말씀을 전파하는 일에 힘쓰라고 명한다. 물론 당연히 말로도 복음을 전파해야 하지만 동시에 우리가 할 수 있는 더 많은 일들을 삶의 복음을 통해서 전파할 수 있다. 말씀대로 살려고 애를 쓰고 복음적인 생활을 하려고 애를 쓴다면 우리의 이웃사랑, 영혼사랑은 그 위대한 여정을 뚜벅뚜벅 걸어갈 수 있게 될 것이다.

영혼사랑의 실천적 방법들
출발하기

　이웃을 진짜로 사랑하는 것이 무엇인지를 살펴보고 실천적인 방법을 생각해보았다. 비움과 나눔, 낮춤과 섬김, 이웃영혼을 위한 간구, 그리고 복음전파까지 이야기했지만, 이런 모습들은 하나하나 구별하여 따로따로 행하는 것은 아니다. 사실 이런 모습들은 그리스도인들의 일상의 모습들이다. 그것은 그리스도인들의 삶의 방식이다. 세상 사람들이 우리 그리스도인들을 볼 때 저들은 원래 저렇게 살아가는 사람들이라는 인식을 가질 수 있게 해야 한다. 그것이 그리스도인들의 고유의 삶의 방식이다. 하지만 오늘날 그런 모습들은 대개 상실한 지 오래이다. 그것은 거의 초대교회 사람들의 삶의 모습이다. 나눔과 섬김, 기도와 복음전파는 우리들의 삶 속에 고스란히 녹아야 한다. 그럴 때 복음은 생명력을 다시 얻고 사람들을 구원하기 시작할 것이다.